U0895190

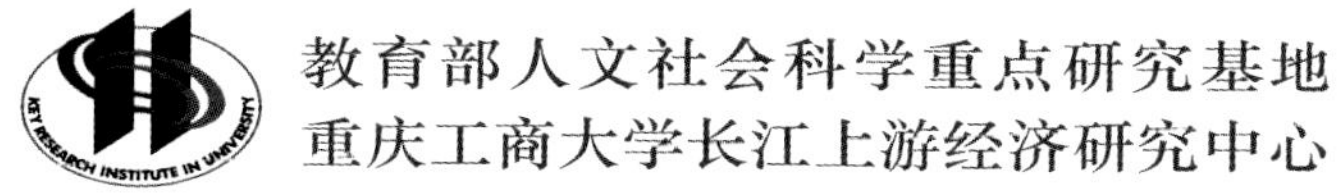

教育部人文社会科学重点研究基地
重庆工商大学长江上游经济研究中心

重庆工商大学专著资助出版资金（631915008）
重庆工商大学央地共建项目（802/680217008） 资助
重庆工商大学引进高层次人才科研启动经费资助项目（1955061）

供应安全影响下的天然气贸易博弈

Natural Gas Trade Game Under the Effect of Supply Security

张　华◎著

中国财经出版传媒集团
经济科学出版社
Economic Science Press

图书在版编目（CIP）数据

供应安全影响下的天然气贸易博弈/张华著. —北京：经济科学出版社，2020. 9
ISBN 978 -7 -5218 -1836 -9

Ⅰ. ①供…　Ⅱ. ①张…　Ⅲ. ①液化天然气 - 进口贸易 - 贸易实务 - 中国　Ⅳ. ①F752. 61

中国版本图书馆 CIP 数据核字（2020）第 166353 号

责任编辑：杜　鹏　常家凤
责任校对：郑淑艳
责任印制：邱　天

供应安全影响下的天然气贸易博弈
张　华　著
经济科学出版社出版、发行　新华书店经销
社址：北京市海淀区阜成路甲 28 号　邮编：100142
编辑部电话：010 - 88191441　发行部电话：010 - 88191522
网址：www. esp. com. cn
电子邮箱：esp_bj@ 163. com
天猫网店：经济科学出版社旗舰店
网址：http：//jjkxcbs. tmall. com
固安华明印业有限公司印装
710 × 1000　16 开　9. 25 印张　150000 字
2020 年 12 月第 1 版　2020 年 12 月第 1 次印刷
ISBN 978 -7 -5218 -1836 -9　定价：55. 00 元
（图书出现印装问题，本社负责调换。电话：010 - 88191510）

前 言

由于全球天然气资源禀赋存在巨大差异，其在全球的生产与消费也存在极度的不平衡，从而导致了全球天然气贸易活动十分频繁，其贸易规模也与日俱增。2017 年全球天然气消费约为 3.6 万亿立方米，其中贸易约占总消费的 1/3，天然气贸易量同比上升超过 6%。在如今多变的天然气国际贸易市场中，供应安全无疑是天然气贸易各方共同关注的重要话题之一。一方面，进口国可能会因天然气基础设施建设滞后、天然气进口多元化程度不高，以及天然气与其他替代能源比价关系的不合理等而引起天然气供应安全问题；另一方面，由于出口国与进口国之间的天然气贸易过去往往依赖于长期协议，如果出口国没有考虑足够的天然气储备，那么，其国内天然气需求的上升、季节性调峰或紧急事件，均可能会引发出口国国内天然气供应安全问题。另外，经济、政治、军事以及自然灾害等因素也可能造成天然气出口中断，进而导致无法履行合约，进出口国同样将因此而遭受严重的损失。面对这些天然气供应安全问题，进出口国常常在天然气基础设施建设、天然气定价、天然气储备等方面采取应对策略，以期实现稳定可靠的天然气供给。在此背景下，本书运用最优控制、微分对策以及数值仿真等相关理论和方法，在不同信息结构下构建了天然气进出口国之间的动态博弈模型，主要从理论上分析了在天然气基础设施建设、天然气定价、天然气储备等因素影响下天然气贸易各方的均衡策略及其政策含义。本书的主要研究内容与结论有以下四个方面。

第一，基础设施影响下的天然气贸易博弈方面。基于进口国可能存在因基础设施建设滞后而导致天然气供应安全问题，本书提出了兼顾经济利益和供应安全的目标函数，并以此构建了进出口两国共建基础设施的两种动态博弈模型。研究表明，基础设施存量与进口国的最优基础设施投入及其销售价格之间均呈正向关系；天然气出口价格与出口国效用呈倒“U”型关系；供应安全意识、天然气需求基础设施弹性对共建基础设施均具有推动作用，但在短期内的效果有限；通常情况下，供应安全意识、天然气需求基础设施弹性对双方效用均具有正向影响，只不过需要在长期下才能凸显，但如果进口国的基础设施基准量过高，那么供应安全意识可能反而使得自身效用下降。

第二，进口多元化及替代能源价格影响下的天然气贸易博弈方面。考虑到天然气进口多元化及替代能源对进口国天然气供应安全产生的重要影响，本书构建了关于天然气出口国为主导者，进口国为跟随者的非合作以及两国合作情形的动态博弈模型。研究表明，替代能源价格（进口多元化程度）越高，天然气销售价格与出口价格越高（越低），它们的最优路径主要取决于初始替代能源价格水平的高低；从消费者剩余角度来看，如果初始替代能源价格水平较低，那么消费者可能不再偏好于两国始终保持合作关系，而是偏好于两国在短期内保持非合作关系，在长期内保持合作关系；从效用的角度来看，如果初始替代能源价格水平较高，那么两国将不再一味地保持合作关系，而可能在某时段内存在违约行为。

第三，储备影响下的天然气贸易博弈方面。基于出口国在履行天然气贸易合约时容易忽视天然气储备，一旦遇到季节调峰或紧急事件，将可能引发国内的天然气供应安全问题，本书构建了进出口两国之间的动态博弈模型。研究表明，各进口国的最优决策路径均呈单调性变化收敛至最优稳态；当初始天然气基础设施存量与初始天然气储量均面临不足（过剩）时，出口国的最优决策路径在收敛至最优稳态的过程中可能不再呈单调性变化；进出口两国各决策的最优稳态水平均随着天然气需求基础设施弹性的增加而增加；除最优稳态天然气销售价格随着天然气出口价格上升而上升以外，其他决策的最优稳态水平均随其上升而下降；出口国最优稳态效用、进出口两国联合最优稳态效用均与天然气最优稳态出口价格呈倒“U”型关系，且前者达到最大值时的天然气出口价格高于后者。

第四，出口供应安全影响下的天然气贸易博弈方面。基于出口国的天然气出口供应安全较脆弱，导致其无法履行天然气贸易合同而引发的供应安全问题，以及考虑到出口供应安全、进口国的基础设施与需求量三者之间的相互影响，本书构建了进出口两国之间的动态博弈模型。研究表明，天然气出口价格越高，会导致进口国的天然气销售价格越高，进口国对基础设施投入越少；出口国为保障供应安全付出的努力与天然气出口价格之间呈倒“U”型关系；与天然气寡头竞争市场相比，出口垄断市场的天然气出口价格、供应安全、基础设施存量以及出口国的效用更高，进口国的效用更低；在寡头竞争市场，与合作方式相比，两国在议价下的天然气出口价格、供应安全、基础设施存量以及出口国的效用更高，进口国的效用更低。

张 华

2020 年 8 月

Contents

目录

1
绪　论

1.1　研究背景与问题的提出

1.1.1　研究背景

随着能源供应局势的日趋紧张以及气候变化问题的日益严峻，人们的环保意识逐渐提高，同时，清洁且热值高的天然气能源也受到广泛重视。天然气作为一种清洁、高效的低碳能源，可以与其他可再生能源、低排放能源形成良性互补，是当前清洁化能源供应的最现实的选择。近年来，天然气领域内的投入、产量、储运量、消费量和贸易量均呈快速增长趋势，天然气在世界能源多元化过程中正发挥着越来越重要的作用。

1.1.1.1　全球天然气生产、消费及其贸易基本情况

近二十年来，全球天然气探明储量快速增长，由 1997 年的 128.1 万亿立方米增至 2007 年的 163.5 万亿立方米，至 2017 年，已增加至 193.5 万亿立方米。然而，全球天然气资源的分布却极不均匀，绝大部分天然气资源集中于少数国家和地区：从天然气探明储量的区域分布情况来看，2017 年，全球天

然气探明储量主要集中于中东地区（79.1 万亿立方米）、独联体国家[①]（59.2 万亿立方米）以及亚太地区（19.3 万亿立方米），其分别占比 40.9%、30.6% 和 10.0%（如图 1.1 所示）；从国家分布情况来看，截至 2017 年底，俄罗斯（35.0 万亿立方米）、伊朗（33.2 万亿立方米）、卡塔尔（24.9 万亿立方米）、土库曼斯坦（19.5 万亿立方米）、美国（8.7 万亿立方米）、沙特阿拉伯（8.0 万亿立方米）的天然气探明储量最多，合计占比约 66.4%。[②]

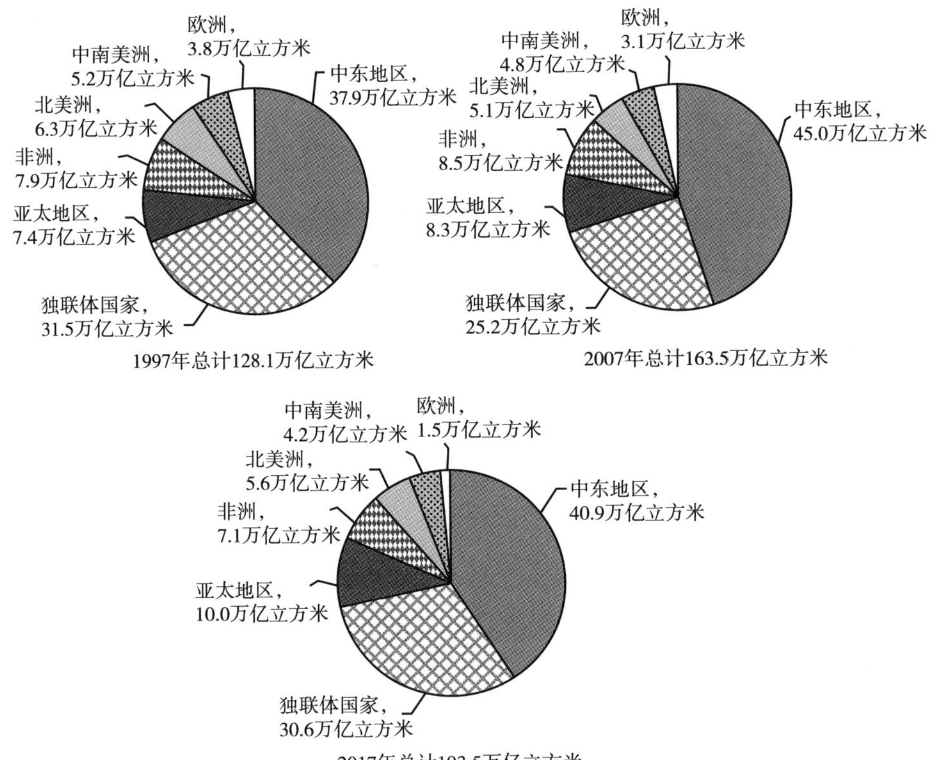

图 1.1　1997 年、2007 年和 2017 年全球天然气探明储量的分布情况

资料来源：《British Petroleum 世界能源统计年鉴》（2018）。

① 独联体成员国现包括：亚美尼亚、阿塞拜疆、白俄罗斯、摩尔多瓦、哈萨克斯坦、吉尔吉斯斯坦、塔吉克斯坦、乌兹别克斯坦、乌克兰、俄罗斯。

② 《British Petroleum 世界能源统计年鉴》（2018）。

受天然气资源探明储量分布不均匀特征的影响，全球天然气产量分布较为集中，见表 1.1。北美洲（9515 亿立方米）、独联体国家（8155 亿立方米）、中东国家（6599 亿立方米）以及亚太地区（6075 亿立方米）依次为天然气产量的四大区域。2017 年，全球天然气生产总量为 36804 亿立方米，而以上四个地区的天然气产量总和为 30344 亿立方米，约占总产量的 82.4%。从天然气产量的国家分布来看，排名前十位的国家依次为：美国（7345 亿立方米）、俄罗斯（6356 亿立方米）、伊朗（2239 亿立方米）、加拿大（1763 亿立方米）、卡塔尔（1757 亿立方米）、中国（1492 亿立方米）、挪威（1232 亿立方米）、澳大利亚（1135 亿立方米）、沙特阿拉伯（1114 亿立方米）和阿尔及利亚（912 亿立方米）。其中，美国的天然气产量之所以超过俄罗斯跃居世界第一，主要得益于其页岩气的成功开发。①

表 1.1　　2017 年全球各地区天然气生产量和消费量　　单位：亿立方米

全球区域	生产量	消费量	生产量与消费量差额
北美洲	9515	9428	87
中南美洲	1790	1734	56
欧洲	2419	5317	-2898
独联体国家	8155	5746	2409
中东国家	6599	5365	1234
非洲	2250	1418	832
亚太地区	6075	7696	-1621
全球合计	36804	36704	—

资料来源：《British Petroleum 世界能源统计年鉴》(2018)。

表 1.1 显示，北美洲（9428 亿立方米）、亚太地区（7696 亿立方米）、独联体国家（5746 亿立方米）、中东国家（5365 亿立方米）以及欧洲（5317 亿立方米）依次为天然气消费的五大区域。2017 年，全球天然气总消费量为 36704 亿立方米，而以上五个地区的天然气产量总和为 33552 亿立方米，约占

① 《British Petroleum 世界能源统计年鉴》(2018)。

总消费量的91.4%。此外，从表1.1还可以看出，欧洲、亚太地区的生产量与消费量差额为负值，表明这两个地区的天然气产量已无法满足自身天然气消费需求，因此，其需要对外进口大量的天然气。从天然气消费的国家分布来看，排名前十位的国家依次为：美国（7395亿立方米）、俄罗斯（4248亿立方米）、中国（2404亿立方米）、伊朗（2144亿立方米）、日本（1171亿立方米）、加拿大（1157亿立方米）、沙特阿拉伯（1114亿立方米）、德国（902亿立方米）、墨西哥（876亿立方米）和英国（788亿立方米）。

与2016年相比，2017年全球天然气产量增长了4%（1310亿立方米），几乎是近十年平均增速（2.2%）的两倍。俄罗斯增幅最大（460亿立方米），其次是伊朗（210亿立方米）和澳大利亚（170亿立方米）。天然气消费量增加了960亿立方米，增速为3%，是自2010年以来最快的增速。消费增长主要来自中国（310亿立方米，15.1%）、中东（280亿立方米）和欧洲（260亿立方米）。美国天然气消费量减少了1.2%（110亿立方米）（如图1.2所示）。

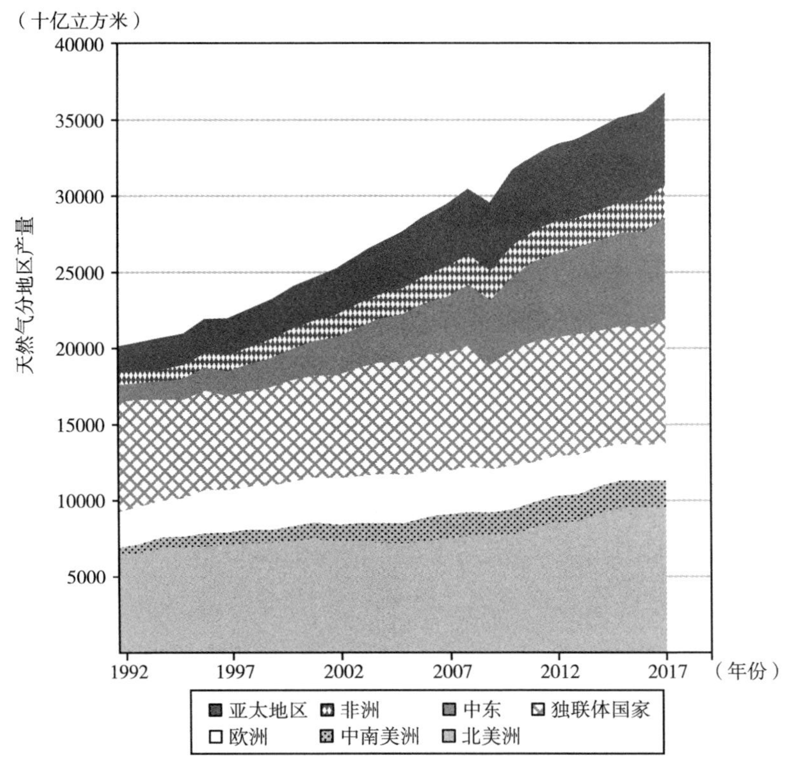

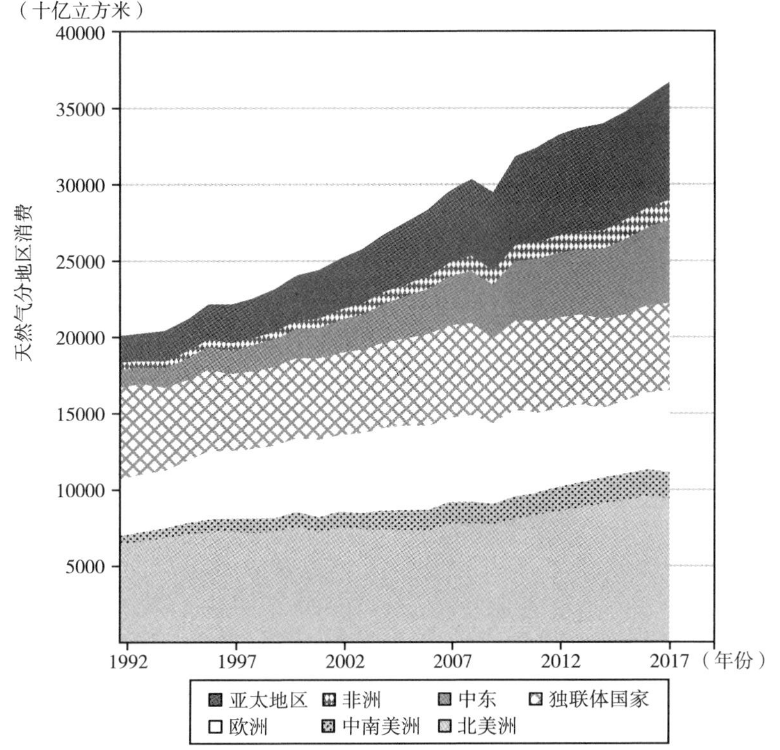

图 1.2 1992～2017 年全球天然气分地区生产与消费

资料来源:《British Petroleum 世界能源统计年鉴》(2018)。

由于全球天然气资源探明储量、生产和消费分布极不均匀,从而导致了全球天然气贸易活动日益频繁。天然气贸易主要有管道天然气与液化天然气(LNG)两种方式。显然,目前天然气贸易还是以管道运输方式为主,然而,这种运输方式下的贸易主体和贸易范围都受到极大的限制。随着 LNG 贸易形式的出现,全球天然气贸易的灵活性和流动性都得到明显的增强。此外,相邻国家之间的天然气贸易主要以管道天然气运输方式为主,其主要贸易区域为从北美洲、俄罗斯与中东等地区出发,出口至墨西哥、欧洲等区域;跨区域国家之间天然气贸易则是以 LNG 运输形式为主,其主要贸易区域为从美国、南美洲、非洲、东南亚以及澳大利亚等地区出发,出口至欧洲、东亚等区域。

全球天然气贸易主要通过管道天然气和 LNG 两种方式进行,其中,LNG 主要通过 LNG 运输船进行运输。2017 年,全球天然气贸易量达 11341 亿立方米，其中，管道天然气贸易量为7407亿立方米，约占比65.3%，LNG贸易量为3934亿立方米，约占比34.7%。全球天然气贸易按消费市场分为三大区域：欧洲市场以管道天然气贸易为主，管道天然气贸易量为4234亿立方米，LNG贸易量为657亿立方米；北美市场同样以管道天然气贸易为主，管道天然气贸易量为1468亿立方米，LNG贸易量为92亿立方米；亚太市场则以LNG贸易为主，管道天然气贸易量为629亿立方米，液化天然气贸易量为2835亿立方米。①

1.1.1.2 中国天然气生产、消费及其贸易的基本情况

从地域分布来看，我国的油气资源主要集中在大型的含油气盆地，其中，鄂尔多斯盆地、四川盆地、塔里木盆地和柴达木盆地四大气区的天然气资源量、储量和产量贡献超过80%。根据《中国石油石化产业经济研究年度报告》显示，2015年，鄂尔多斯、四川盆地、塔里木三大气区的天然气总产量达705亿立方米，约占全国天然气总产量的70%，远高于其他气区；从企业分布来看，中国石油天然气集团、中国石油化工与股份有限公司与中国海洋石油总公司是我国三大主要的天然气生产企业。2015年，中国石油天然气集团的天然气产量为756.2亿立方米，中国石化的天然气产量为143.9亿立方米，中国海油的天然气产量为111.5亿立方米，他们分别占全国总产量的74.7%，14.2%和11%。

2017年中国天然气产量达到了1492亿立方米，同比增长8.5%，位居世界第六位，占全球天然气产量的4.1%。②2007~2017年，中国天然气产量总体呈逐年上升趋势，年平均增长率达8.9%，超过世界平均增长率的4%，详见表1.2。

为了优化能源消费结构，有效缓解生态环境负担，以及保障能源供应安全等问题，我国先后出台了一系列鼓励使用清洁能源的政策。这些政策对天然气消费具有显著的推动作用，2007~2017年我国天然气消费总量平均增长率高达13.7%，详见表1.3。目前，我国已成为仅次于俄罗斯和美国的世界

①② 《British Petroleum世界能源统计年鉴》(2018)。

第三大天然气消费国。2010 年，我国天然气消费量首次突破 1000 亿立方米大关；2017 年，中国天然气市场受宏观经济稳中向好、环保政策影响显著，城市燃气、工业领域进一步实施“煤改气”工程，同时，受工业主要用气行业下游产品价格上涨、替代能源价格上涨、新燃气电厂投运等拉动，全国天然气消费量快速增长。2017 年，我国天然气消费总量 2404 亿立方米，同比增加 310 亿立方米，同比增长 15.1%。

表 1.2　　2007～2017 年中国天然气生产量变化情况

项目	2007 年	2008 年	2009 年	2010 年	2011 年	2012 年	2013 年	2014 年	2015 年	2016 年	2017 年
生产量（亿立方米）	698	809	859	965	1062	1115	1218	1312	1357	1379	1492
增量（亿立方米）	0	111	50	106	97	53	103	94	45	22	113
增长率（%）	0	15.9	6.2	12.3	10.1	5.0	9.2	7.7	3.4	1.6	8.2

资料来源：《British Petroleum 世界能源统计年鉴》（2018）。

表 1.3　　2007～2017 年中国天然气消费量变化情况

项目	2007 年	2008 年	2009 年	2010 年	2011 年	2012 年	2013 年	2014 年	2015 年	2016 年	2017 年
消费量（亿立方米）	711	819	902	1089	1352	1509	1719	1884	1947	2094	2404
增量（亿立方米）	0	108	83	187	263	157	210	165	63	147	310
增长率（%）	0	15.2	10.1	20.7	24.1	11.6	13.9	9.6	3.3	7.5	14.8

资料来源：《British Petroleum 世界能源统计年鉴》（2018）。

近年来，由于我国天然气需求增长较快，国内天然气产量已不能满足我国的需求，同时，随着天然气运输管道和 LNG 接收站等基础设施的建设，进口天然气开始大量引入国内，它包括管道天然气和 LNG 两种形式。2017 年，进口管道气为 414 亿立方米，同比增长 9.4%；进口 LNG 为 546 亿立方米，同比增长 46.5%，刷新我国天然气消费增量历史（《British Petroleum 世界能源统计年鉴》(2018))。自2007年开始，我国成为天然气净进口国（当年净进口天然气达14亿立方米，占天然气消费量的1.99%）。2007~2017年，管道天然气和LNG天然气进口量均逐年攀升，2017年全年天然气进口量累计960亿立方米，同比增长27.6%，较2015年、2014年全年累计进口量分别增长49.8%和59.2%，对外进口依存度从2007年的2%上升至39%（如图1.3所示)。

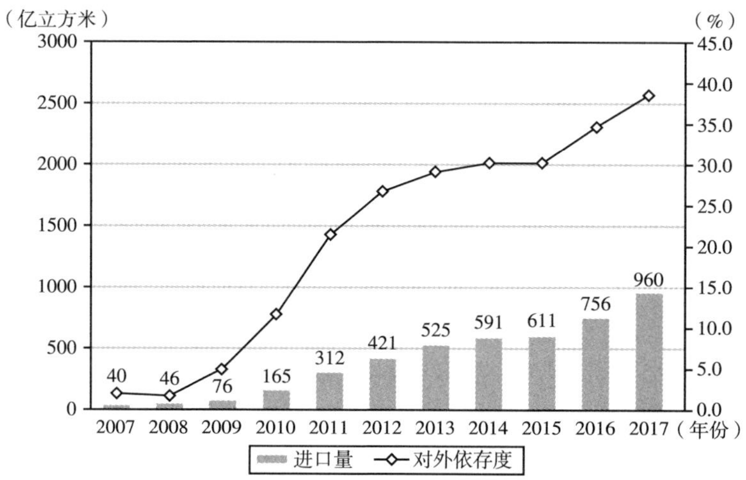

图1.3 2007~2017年中国天然气进口量变化情况

资料来源：历年《British Petroleum 世界能源统计年鉴》。

1.1.1.3 中国天然气基础设施建设的基本情况

按照国家发改委2014年发布的《天然气基础设施建设与运营管理办法》的定义，天然气基础设施主要包括三大类：天然气输送管道（长输管网、省管网和配气管网)、LNG接收站和储气设施。

自2004年西气东输一线投产以来，我国天然气基础设施快速发展，截至2016年底，已初步形成西气东输、海气登陆、就近供应的管网输配格局，覆盖除西藏外的所有省份；形成管道气、LNG两种进口资源途径，打通中亚管道气、中缅管道气、海上LNG进口通道；形成地下储气库、LNG接收站两大主力调峰方式，覆盖沿海地区、产气区、环渤海地区。

(1）天然气管网。20世纪60年代，我国建成了第一条天然气管道“巴渝线”，经过数十余年的建设，我国的天然气管道有了很大的发展。尤其是2004 年西气东输管道的建成，加速推进我国天然气管网的建设。截至 2016 年底，我国形成了以西气东输系统、京线系统、川气东送、榆济线、中缅天然气管道为主的国家基干管道；以冀宁线、忠武线、中贵线、淮武线等为主的联络管道；长三角、川渝、华北三大区域性管网。进而，我国实现了长输管道与主要消费市场连接、长输管道与地下储气库连接、LNG 接收站与市场连接，覆盖了除西藏外的所有省份，初步形成了全国天然气网。

（2）LNG 接收站。截至 2016 年底，我国投产、核准在建的 LNG 接收站项目达 15 座，其中，投产的有 11 座，核准在建的有 4 座，分布在广东、福建、上海、浙江、海南、江苏、辽宁、山东、天津、河北等 10 多个地区；投产的 LNG 接收站接卸能力为 3940 万吨/年，折合天然气 550 亿立方米/年，2016 年全年进口 LNG 资源 1879 万吨，折合天然气 263 亿立方米。

（3）地下储气库。截至 2016 年，我国已建成的地下储气库有喇嘛甸北块、大张坨、板 876、板中北、板 808、板 828、金坛、京 58 储气库、文 96、苏桥、相国寺、呼图壁、双 6、板南等，主要分布在江苏、天津、河北、辽宁、黑龙江、新疆、重庆、河南 8 个地区，设计总库容为 452 亿立方米，设计总工作气量为 151 亿立方米，有效工作气量 42 亿立方米。

（4）天然气供应安全问题。所谓安全，是指防止“有害事件”发生的状态。天然气供应过程中的“有害事件”，主要是指供气中断或无气可供。事实上，天然气供应安全的本质是一种风险管理，即将供气中断的风险和结果降低到可以接受的程度。目前，天然气供应风险主要存在以下三种情形：第一，因自然灾害或事故、恐怖事件等造成的重要供气设施停止运行的技术风险。对于一些严重依赖单一供气系统的国家或区域性市场来说，这种技术风险可能在短期内会严重影响其天然气供应，即天然气供应的短期风险。但是，在大多数情形下，国家或区域性市场可以在相对较短的时间内解决该问题。第二，无法确保天然气供应或无法持续稳定天然气供应的风险。这种情形主要是指无气可供，也就是说，天然气消费需求能力的增长速度已经超出了天然气生产或供应的增长速度，即天然气供应的长期风险。判断天然气长期供应安全的方法通常有两种：一种是依据天然气的储采比来进行判断，储采比越小，天然气耗竭速度越快，供应安全问题更紧迫；另一种方法是预期天然气需求量与合同供应量之间的差距，这种差距在一定程度上决定了潜在安全问题的大小。第三，影响天然气短期和长期供应的政治风险。这种风险主要指因某种政治原因导致天然气供应短期或长期中断的可能性，以及由于政治风险较高，而不能随意开采某些具有经济价值的天然气资源（胡奥林，2008）。

由于全球天然气资源禀赋存在巨大差异，从而导致了全球天然气贸易活动日益频繁，同时，其贸易规模也与日俱增。与出口国相比，由于进口国在天然气贸易市场上相对比较被动，因此天然气供应安全问题通常是进口国所关注的焦点。我国作为天然气进口大国，由于天然气进口量逐年攀升，天然气对外依赖程度也越来越大，加之天然气消费通常具有季节性波动较大的特点，因此，北方地区在冬季天然气供需矛盾加剧，往往出现“气荒”现象，其主要原因有以下三个方面。

第一，天然气基础设施建设滞后。天然气供需平衡调配主要通过基础设施来实现，尤其是在冬季应急调峰时。基础设施主要包括输送管网、LNG 接收站和储气设施。首先，基础设施薄弱，峰谷调节能力弱。目前，我国每万平方公里陆地面积对应的管网里程约 70 公里，仅相当于美国的 12%；地下储气库形成工作气量 64 亿立方米，仅占消费量的 3.1%，而世界平均水平约为 10%，美国、欧盟分别为 20%、25%，日本、韩国约为 15% ~20%。其次，全国尚有超过 20% 的地级行政单位、约 30% 的县级行政单位没有接通管道气。而在已接通管网的区域，由于其所属企业不一样，互联互通的程度不够。最后，基础设施尚未实现第三方公平地开放，导致系统内的管网、储气设施和 LNG 接收站存在自身利用率不高，而系统外想进又无法进的困境。

第二，天然气进口多元化程度不高。2017 年，全国大范围出现天然气短供和“气荒”，一方面，这是因为政府强力推动“煤改气”导致天然气需求猛增了 30% 左右；另一方面，是因为一直运营良好的我国最大海外天然气进口通道——中亚天然气管道，冬季却突然“不给力”。这种“不给力”是由于我国最大的气源国——土库曼斯坦，其国内三大主力气田因过去几年缺少资金而疏于修缮，并且用于处理天然气的“缓蚀剂”未及时到位而影响了天然气外输（土库曼斯坦的天然气含硫量偏高，在外输前需要加入缓蚀剂进行处理，以降低对外运输设施腐蚀的风险）。此次天然气短供程度达到最严重时，中亚天然气管道日供应量比计划低 4000 万立方米左右。此次土库曼斯坦的短供事件给我国天然气进口敲响了警钟，我国需要采取天然气进口多元化、加快推进天然气储气库等基础设施建设等各种手段以保障天然气的供给。

第三，天然气与替代能源比价不合理。天然气作为一种日趋全球化的能源商品，其价格与原油价格总体上具有趋同性，并与替代能源保持一定的比价关系。以前，国外天然气进口价相当于原油价格的 63% ~86%，但随着国际政治因素对原油价格的影响，天然气的地位逐渐上升，天然气与原油的等热值价差在不断地缩小，现已逼近油价。

表 1.4 是 2017 年我国陆上天然气与其替代能源的等热值价格之比。由表 1.4 可知，陆上天然气是液化石油气（LPG）价格的 44.3%，是燃料油价格的 42%，是进口中亚气到岸完税价的 94.7%。

表 1.4　　2017 年陆上天然气出厂价与可替代能源价格之比

天然气或替代能源	价格	折合成等热值天然气价格（元/立方米）	天然气与替代能源比价（%）
陆上天然气出厂价	1.213 元/立方米	1.213	—
LPG 出厂价	3970 元/吨	2.740	44.3
燃料油出厂价	3552 元/吨	2.886	42.0
进口中亚气到岸完税价	1.281 元/立方米	1.281	94.7

资料来源：《中国统计年鉴》（2017）。

由于天然气价格较低，而且相对煤炭而言又是清洁能源，因此，近年来全国各地掀起一股“煤改气”“油改气”的热潮。不仅城市供暖改烧天然气、出租车燃料改用天然气，而且许多工业企业的燃料也纷纷改用天然气，造成我国天然气消费结构不合理。目前，在我国的天然气消费结构中，化工用气占 14.6%，工业燃料（含油气开采业用气）占 38.2%，发电用气占 14.7%，城镇燃气消费量占比 32.5%。[①] 与世界大多数国家的天然气消费结构相比，我国化工用气比例过高（欧盟和美国约 3%）。如此的资源配置，难以充分发

① 中国产业发展研究网《2017 年中国天然气行业四大类及细分市场需求分析》。

挥或体现天然气的社会、环境和经济优势。同时，由于天然气需求极度膨胀和低效利用，加剧了本来就存在较大缺口的天然气供需矛盾。

与此同时，不仅进口国需要对天然气供应安全问题给予重视，而且通常在天然气贸易市场中拥有一定垄断地位的出口国同样需要对其进行关注。对出口国来说，天然气供应安全问题主要有以下两个方面。

一方面，天然气储备不足。通常出口国与进口国签订天然气贸易合约通常是以长期为主，如果出口国忽视天然气储备，那么一旦遇到季节调峰或紧急事件，一些出口国可能会因为需要履行贸易合约而引发国内的天然气供应安全问题。例如，澳大利亚作为 LNG 出口大国，LNG 出口量仅次于卡塔尔，位居世界第二。2016～2017 年，澳大利亚 LNG 出口量达到 5140 万吨，首次突破 5000 万吨大关，比上年增长 50%，当时预计 2018 年将增至 6300 万吨。但是，澳大利亚国内却面临天然气短缺的困境，特别是东部人口密集地区将遭遇严重的“气荒”。澳大利亚能源市场管理局与澳大利亚消费竞争委员会联合公布的调查报告显示，当时预计 2018 年的澳大利亚国内天然气供应缺口扩大，约占东海岸当前需求量的 15%，2019 年缺口可能继续加大。其原因在于，天然气勘探开采和运输成本巨大，当能源价格不断攀升时，许多企业不计成本，加大了澳大利亚近海及煤层气的开采力度。此外，还需要修建码头，并将天然气转化成液态以便运输。这些成本需要扩大出口来补偿。因此，澳洲东部沿海地区的能源公司与亚洲客户签订了长达 20 年的合约。这些合约为当地 LNG 企业带来了数十亿美元资金。但结果是，在天然气产量创纪录的情况下，国内东海岸天然气供给却遭遇短缺。由此可见，天然气出口的同时，出口国进行天然气储备对于保障国内天然气需求来说是至关重要的。

另一方面，天然气出口供应安全较脆弱。近年来，在全球天然气贸易市场中，一些出口国可能因经济、政治、军事以及自然灾害等因素造成天然气出口供应中断。显然，天然气出口供应中断对进口国造成了严重的负面影响和经济损失。例如，2006 年和 2009 年，由于俄罗斯与乌克兰之间的天然气贸易冲突，导致了许多东欧国家出现一定程度的天然气短缺；2014 年，埃及中断对约旦的天然气供应，导致约旦国家电力公司蒙受超过 45 亿美元的经济损失；2017 年 12 月，位于奥地利首都维也纳以东大约 50 公里处的奥地利油气集团（OMV）“鲍姆加滕天然气输气站”发生爆炸事故，致使意大利部分地区遭遇“断气”危机，意大利当即宣布进入供应方面的“全国紧急状态”。同时，不仅是进口国，天然气出口供应中断也对出口国带来了很大程度的损失。例如，2017 年 6 月，巴林、沙特阿拉伯、埃及和阿联酋等九国先后宣布与卡塔尔断绝外交关系，卡塔尔作为全球最大的 LNG 供应商，经历此次断交事件后对 LNG 出口产生了负面影响。

1.1.2 问题提出

通过上述相关背景介绍可以看出，由于全球的天然气储量和需求量分布极不均匀，使得国际天然气贸易市场接近于寡头竞争市场，因此，在天然气贸易中，出口国通常拥有一定的垄断地位，而进口国则具有较强的进口依赖性。在此情形下，进口国不仅需要考虑通过进口天然气获取经济利益问题，同时还需要考虑可能因天然气基础设施建设滞后、天然气进口多元化程度不高，以及天然气与其他替代能源比价关系的不合理等因素而引起的供应安全问题。与进口国相比，出口国虽然占据一定的主导地位，但同样需要重视天然气供应安全问题，这是因为出口国与进口国之间的天然气贸易往往是以签订合约的方式为主。一方面，由于在履行贸易合约的同时容易忽视了天然气储备，一旦遇到季节调峰或紧急事件，可能会引发国内的天然气供应安全问题；另一方面，因经济、政治、军事以及自然灾害等因素造成天然气出口供应中断而导致无法履行合约，从而遭受严重的经济损失。综上所述，在这场博弈过程中，出口国与进口国如何制定最优策略以使得效用达到最大，便是本书需要研究的问题。

目前为止，虽然关于天然气贸易博弈、天然气供应安全的研究文献较多，但这些文献主要是对其进行独立研究，且对天然气供应安全的研究主要局限于定性方面；而从天然气贸易博弈的角度出发，因进口国的天然气基础设施建设滞后、天然气进口多元化程度不高，以及天然气与替代能源比价关系不合理而产生天然气供应安全问题的定量研究较少。因此，本书提出问题：针对进口国因天然气基础设施建设滞后，或者天然气进口多元化程度不高以及天然气与替代能源比价关系不合理而导致的供应安全问题，进出口两国将如何制定最优策略以使得效用达到最大？此外，同样从天然气贸易博弈的角度出发，以出口国天然气储备不足，或者天然气出口供应安全较脆弱为背景的供应安全问题的研究也较少。因此，本书再次提出问题：针对出口国天然气储备不足，或天然气出口供应安全较脆弱等现状，进出口两国又将如何制定最优策略以使得效用达到最大？对以上问题的研究，从理论上给以我国为代表的进口国与其他出口国在全球天然气贸易市场中如何兼顾经济利益和天然气供应安全方面提供一定的理论支持。

1.2 研究目的与意义

（1）研究目的。目前，全球天然气市场受到地缘政治的影响，使得天然气贸易市场中的出口国与进口国均面临着天然气供应安全问题。本书依托国家社会科学基金项目“地缘政治影响下天然气进口博弈及储备策略研究”，研究了天然气地缘政治与天然气供应安全之间存在的联系，构建了将天然气供应安全纳入目标函数，以及将天然气进口多元化、替代能源价格与其相关性纳入传统需求函数的数理模型，并从天然气贸易博弈的视角对模型进行求解，旨在给以我国为代表的进口国与其他出口国在天然气贸易中如何兼顾经济利益和天然气供应安全方面提供一定的理论支持。

（2）研究意义。在天然气市场贸易中，无论是进口国还是出口国，天然气供应安全对它们的利益均会产生重要影响。研究天然气供应安全影响下的最优策略问题，对保障国家天然气资源能够持续稳定地供应，在理论和实践上均具有一定的意义。

首先，在理论价值方面。在天然气地缘政治对天然气贸易产生重要影响的背景下，进口国或出口国在保障天然气供应安全的同时，如何制定自身的最优策略，已不再是独善其身的个体行为，而是发展成了国与国之间的多方博弈行为。本书在学习和总结其他学者研究成果的基础上，运用最优控制和微分博弈理论，从天然气进出口贸易博弈的角度，将天然气供应安全视为非利润目标，并采用不同形式将其进行量化，对今后关于天然气供应安全的研究具有一定理论价值。

其次，在实践意义方面。站在进口国的视角，由于我国从 2007 年开始已成为天然气净进口国，且进口依赖程度较高，天然气的供应安全问题对我国来说显得尤为重要。因此，本书在以我国为代表的进口国在天然气供应安全方面存在的问题为背景的情况下，对进出口两国采取的最优策略问题展开研究，具有重要的实践意义。

站在出口国的视角，造成出口国国内天然气供需矛盾的一个重要原因是自身天然气储备不足，此外，出口国在天然气贸易中遭受经济损失的一个重要原因是因为天然气出口供应中断而无法履行合约。因此，本书以出口国天然气储备不足，天然气出口供应安全较脆弱为背景，对进出口两国采取的最优策略问题展开研究，同样具有重要的实践意义。

1.3 主要研究内容

本书的主要内容共分为七章，每章的具体研究内容如下。

第 1 章，绪论。首先，阐述了本书的研究背景，指出了研究的意义所在；其次，给出了本书所要研究的主要内容和所采取的技术路线；最后，归纳了本书的主要创新点。

第 2 章，相关理论与文献综述。其中，相关理论包括最优控制理论、微分对策理论；文献综述包括天然气地缘政治及贸易博弈、天然气供应安全及其基础设施建设、天然气储备与进口多元化，以及天然气与替代能源价格相关性等方面的研究。

第 3 章，基础设施影响下的天然气贸易博弈。本章鉴于某些进口国可能存在因基础设施建设滞后而导致的天然气供应安全问题，提出了兼顾经济利益和供应安全的目标函数，将天然气基础设施存量纳入传统需求函数，并以进出口两国共建天然气基础设施为背景，构建了关于出口国与进口国之间的动态博弈模型。运用微分对策理论，求得了动态环境中的出口国与进口国的天然气基础设施投入、进口国的天然气销售价格等策略的最优路径以及两国总效用的显式解，并分析其均衡解的相关性质；然后通过数值仿真比较分析了供应安全意识、天然气需求基础设施弹性对进出口两国最优策略与总效用的影响。

第 4 章，进口多元化及替代能源价格影响下的天然气贸易博弈。本章以天然气进口多元化与替代能源价格对天然气供需产生重要影响为背景，构建了关于天然气出口国为主导者，进口国为跟随者的非合作情形的动态博弈模型，以及两国合作情形的动态博弈模型。首先，运用微分对策理论，求得了两种博弈情形下进口国的天然气销售价格、出口国天然气出口价格等最优策略路径以及最优消费者剩余的显式表达式。其次，分析了天然气进口多元化、初始替代能源价格等因素对进出口两国最优策略路径的影响。最后，比较了天然气销售价格、消费者剩余以及两国联合效用在两种博弈情形下的最优路径。

第 5 章，储备影响下的天然气贸易博弈。本章基于进口国实施天然气基础设施建设，出口国在天然气供应安全影响下进行天然气储备的框架，同样提出了兼顾经济利益和供应安全的目标函数，将天然气基础设施存量纳入传统需求函数，构建了出口国与进口国之间的动态博弈模型。运用微分对策理论，求得了进口国的天然气销售价格、天然气基础设施投入以及出口国的天然气开采量等策略的最优路径，并分析了天然气需求基础设施弹性、天然气出口价格分别对出口国与进口国的最优策略路径的影响。

第 6 章，出口供应安全影响下的天然气贸易博弈。本章基于出口国的天然气出口供应安全较脆弱，导致其无法履行天然气贸易合同而引发的供应安全问题，考虑出口供应安全、进口国的基础设施与需求量三者之间的相互影响，构建了出口国与进口国之间的动态博弈模型。之后，运用最优控制理论，获得了出口国为保障天然气供应安全付出的努力，以及进口国的天然气销售价格、天然气基础设施的投入等最优策略的显式解，并分析了出口国在不同市场的最优天然气出口价格策略。

第 7 章，研究结论与展望。对全书的研究工作进行了总结并提出相关政策建议，最后指出进一步研究的方向。

1.4 研究方法与技术路线

1.4.1 研究方法

（1）数理统计分析。在第 1 章，本书采用权威能源网站发布的最新数据，对全球天然气贸易市场格局及中国天然气发展现状进行系统分析，以此归纳出目前以中国为代表的进口国与其他出口国目前存在的一些天然气供应安全问题。

（2）文献分析法。在第 2 章，本书主要查阅了天然气地缘政治及贸易博弈、天然气供应安全及其基础设施建设、天然气进口多元化与储备，以及天然气与替代能源价格相关性等的相关文献，运用最优控制、微分对策和随机控制等相关理论，对已有的研究成果和研究方法进行了归纳总结，掌握了该研究领域的前沿动态。梳理分析后，确定了本书的研究主体和研究框架。

（3）数理建模分析。在第 3 章至第 6 章中，本书主要通过数理建模，将天然气供应安全纳入目标函数，将天然气基础设施存量、进口多元化程度与替代能源价格，以及天然气供应安全纳入传统需求函数，然后利用最优控制、微分博弈等理论对模型进行求解与分析。

（4）数值分析。在第 3 章至第 6 章中，由于通过数理建模得出大多数显式均衡解的形式较为复杂，难以获得比较直观的结论，因此，本书在模型求解的基础上，运用矩阵实验室（Matlab）数值计算工具，对相关结论进行验证并模拟相关趋势，分析参数对结果的影响，这也是对理论上难以获取严格结论的补充。

1.4.2 技术路线

本书按照“文献梳理—数理建模—均衡解分析—政策建议”的技术路线

展开。首先，梳理了天然气地缘政治及贸易博弈、天然气供应安全以及影响天然气供应安全因素等相关文献。其次，在以上研究理论背景的基础上构建包含天然气供应安全的数理经济模型，对模型进行求解并通过数值仿真分析其结果。最后，总结归纳第 3 章至第 6 章得出的相关结论，同时对今后的研究进行展望。具体研究技术路线如图 1.4 所示。

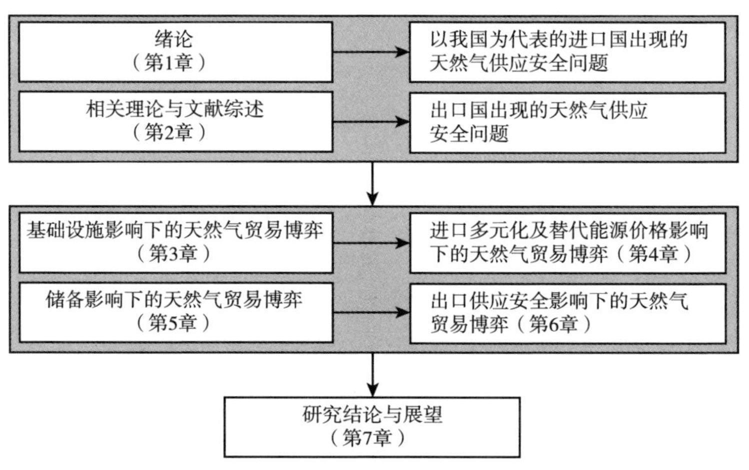

图 1.4　技术路线

1.5　主要创新

通过梳理天然气贸易博弈及供应安全方面的相关文献发现，大多数文献将天然气博弈问题与供应安全问题进行独立研究，将两者相结合的研究较少。从天然气供应安全的研究对象来说，多数文献把焦点集中于天然气进口国，而以出口国为研究对象的研究较少；从天然气供应安全的研究内容来说，众多学者主要对天然气供应安全问题采用定性分析，采用不同形式将天然气供应安全问题进行量化的研究较少。鉴于此，本书的创新点主要有以下四个方面。

（1）在已有的研究中，对进口国天然气基础设施的研究主要针对基础设施运输能力的评估、运输能力遇到瓶颈状况时的识别以及天然气供应成本等问题，考虑基础设施对进口国天然气供应安全的影响，以及采用基础设施存量对天然气供应安全进行量化的研究较少。鉴于某些进口国可能存在因基础设施建设滞后而导致天然气供应安全问题，本书采用基础设施存量的形式将进口国天然气供应安全进行量化，提出了兼顾经济利益和供应安全的目标函数，并以进出口两国共建天然气基础设施为背景，构建了关于出口国与进口国之间的动态博弈模型。运用微分对策理论分析了动态环境中的动态优化问题，试图为以我国为代表的进口国与其他出口国在天然气供应链中共建天然气基础设施方面提供一定的理论支持。

（2）目前关于替代能源价格与天然气价格之间关系的研究主要借助于协整检验、误差修正等计量方法进行，而关于天然气进口多元化的研究主要偏向于定性分析，以天然气贸易博弈的角度，综合以上两种因素对双方最优策略产生影响的研究较少。因此，本书将影响天然气供应安全的天然气进口多元化与替代能源价格两种重要因素同时纳入传统需求函数，结合这两种因素并以天然气进出口两国进行非合作与合作博弈的视角，分析了进口多元化程度与替代能源价格对两国最优策略及其效用的影响。

（3）大多数文献对天然气储备的研究对象集中于进口国，而对出口国研究较少；从研究内容上来说，许多文献主要对天然气储备问题进行定性研究，采用储备的形式将天然气供应安全量化的研究较少。鉴于一些出口国在履行贸易合约时容易忽视天然气储备，一旦遇到季节调峰或紧急事件时，将可能引发国内的天然气供应安全问题，本书采用储备的形式将出口国天然气供应安全进行量化，同样提出了兼顾经济利益和供应安全的目标函数。在出口国进行天然气储备，进口国实施天然气基础设施建设的背景下，运用微分对策理论获得了出口国与进口国最优策略的均衡解，并分析了天然气需求基础设施弹性与天然气出口价格对各最优决策路径带来的影响。

（4）关于天然气贸易的供应安全问题，大多数学者从进口国的角度出发，重点关注了进口国的进口供应安全，他们主要对进口供应安全的影响因素，保障进口供应安全的相关措施展开研究。然而，一些出口国可能因自身的经济、政治、军事以及自然灾害等因素造成天然气出口供应中断导致无法履行贸易合约，从而遭受严重的损失。鉴于此，本书从出口国的角度出发，认为出口国需提高天然气出口供应安全，将出口供应安全进行量化并纳入数理模型，在出口国致力于保障天然气出口供应安全，进口国实施天然气基础设施建设的背景下，考虑出口供应安全、基础设施与需求量三者之间的相互影响，构建了关于出口国与进口国之间的动态博弈模型，运用最优控制理论，获得了出口国与进口国的最优策略均衡解，分析了不同市场的最优天然气出口价格策略。

2 相关理论与文献综述

本书研究供应安全影响下的天然气出口国与进口国在动态博弈过程中的最优策略问题。在现有的国内外研究成果中，与此问题相关且能为本书研究提供理论基础的文献主要划分为以下两类：一类是最优控制、微分对策等相关理论的研究；另一类是天然气供应安全方面的相关研究。

2.1 相关理论研究综述

2.1.1 最优控制理论

目前，大多数经济与管理学科的应用问题以及空间技术、系统工程、航空航天、武器控制，都涉及动态系统的最优控制问题，并取得了很好的效果。所谓动态系统就是与时间有关的系统。按系统是连续地还是离散地依赖于时间 t，可分为连续时间系统和离散时间系统。由于本书研究内容主要考虑的是连续时间系统，因此，本节重点介绍连续时间系统。

我们将“系统”这个词作为本章的基本术语，这里要求的是“系统”要具有这样一种性质，即“系统”能在各种状态（state）下存在。假定实变量 $x(t)$ 为系统在 t 时刻的状态变量，例如，$x(t)$ 可用来表示 t 时刻的库存水平，广告商誉水平、未消耗的财富或自然资源等。

假定有一个控制系统状态的方法。设实变量 $u(t)$ 为系统在 t 时刻的控制变量。例如，$u(t)$ 为 t 时刻的生产率、广告费、消费率等。

给定控制变量 $u(t)$ 和状态变量 $x(t)$ 的含义，则状态方程为：

$$\dot{x} = f(x, u, t) \quad x(0) = x_0 \tag{2.1}$$

式（2.1）确定了状态变量在瞬时间内的变化率，其中，f 是关于 x、u、t 的已知函数，x_0 是 x 的初始值。如果我们知道了初始值和控制轨线，控制轨线就是 $u(t)$ 关于整个时间区间 $0 \leqslant t \leqslant T$ 的值，则对式（2.1）积分就得到了状态轨线，状态轨线就是 $x(t)$ 在相同时间区间上的值。现在的问题是，选取一个特定的控制轨线，在该控制轨线下，求得状态轨线，并使得目标函数取得最大值。

$$J = \int_0^T F(x, u, t)\,\mathrm{d}t + S[x(T)] \tag{2.2}$$

其中，F 是给定的关于 x、u、t 的函数，它可以表示负的生产或库存成本费用，利润与广告费用之差，以及消费效益等；S 是关于终端状态 $x(T)$ 的终值函数。为了对所考虑的问题树立良好的终端观念，终值是必须考虑的。

通常，控制变量 $u(t)$ 要受到一定条件的约束，对于 $u(t)$ 的约束条件可表示为：

$$u(t) \in \Omega(t) \tag{2.3}$$

其中，$\Omega(t)$ 是控制变量在 t 时刻可能取值的集合。

最后，在式（2.1）和式（2.3）的条件下，所有可能的终值 $x(T)$ 合在一起构成 $x(T)$ 的限制集，我们这样来表示：

$$x(T) \in X(T) \tag{2.4}$$

其中，$X(T)$ 称为状态变量 $x(T)$ 的能达集（reachable set），它是 $x(T)$ 满足式（2.1）且 $u(t)$ 受约于式（2.3）时，$x(T)$ 所有能够达到的终值集合。

以上关于控制问题的描述看似比较复杂，但对于每一个具体的应用问题、每个变量和参数，本书在第 3 章至第 6 章中均给出了相应的解释和说明。

2.1.2 微分对策理论

微分对策（differential game）理论是研究将两个或两个以上决策人的控制作用同时施加于一个由微分方程描述的运动系统时，实现各自最优目标的对策过程的理论。微分对策的最优策略应满足的必要条件，可像最优控制理论中的极大值原理那样导出。微分对策实质上是一种双（多）方的最优控制问题，而通常的最优控制问题可看成是单人微分对策。

2.1.2.1 微分对策理论的发展概述

1965 年，伊萨克斯（Issacs）出版的《微分对策》，是世界上第一部关于微分对策的专著，它的出版标志着微分对策理论的诞生。此后，由于军事方面的原因，世界各国纷纷开始关注微分对策的研究。例如，在美国和苏联军备竞赛时期，两国提出了各种关于空战、核导弹与人造卫星拦截、电子战等方面的微分对策模型，这使得微分对策理论在军事领域内得到迅速发展。1971 年，美国科学家弗里德曼（Friedman）采用了两个近似离散对策序列对“微分对策”进行了精确的定义，提出了微分对策值和鞍点存在性等理论，奠定了微分对策理论的数学基础。自《微分对策》出版以来，除了不断地完善定量微分对策、定性微分对策外，多人合作微分对策、非合作微分对策、主从微分对策以及随机微分对策等方面的研究也得到了很大的发展。近年来，微分对策理论已广泛应用于军事、经济、管理及生活等领域，成为解决局中人之间竞争的有效决策工具。例如，军事领域中的飞机或导弹的对抗以及追逃问题和火力部署问题等；经济领域中的生产、投资与库存问题等；社会生活领域的人口、环境、政治竞选等。

2.1.2.2 简单微分对策模型举例

下面本书以二人零和微分对策问题为例，简要介绍微分对策的基本模型与求解方法。

二人零和微分博弈是微分对策中最基本的形式，其基本假设条件为：令

R^m（$m \geqslant 0$）为 m 维欧式空间，其中的一个点记为 $x = (x_1, x_2, \cdots, x_m)^T$，$T$ 表示转置，$|x| = \sqrt{\sum_{i=1}^{m} x_i^2}$ 表示距离。令 $U \subseteq R^p$，$V \subseteq R^q$ 是有界闭子集，其中，$p \geqslant 0$，$q \geqslant 0$。可测函数 $u = u(t)$：$[t_0, T_0] \to U$，称为决策人 A 的控制变量。同理，可测函数 $v = v(t): [t_0, T_0] \to V$，称为决策人 B 的控制变量。那么 U 和 V 分别表示 A、B 的控制区间。

综上所述，二人零和微分对策问题可用以下状态方程表示：

$$\begin{cases} \dot{x}(t) = f(t, x, u(t), v(t)) & (\tau \leqslant t \leqslant T_0) \\ x(\tau) = \xi \end{cases} \tag{2.5}$$

支付泛函为：

$$J(u,v) = g(x(T_0)) + \int_0^{T_0} h(t, x(t), u(t), v(t)) \mathrm{d}t \tag{2.6}$$

决策人 A 希望选择控制变量 $u \in U$ 使得支付 $J(u, v)$ 最大，而决策人 B 则希望选择控制变量 $v \in V$ 使得支付 $J(u, v)$ 最小。

对上述微分对策问题的求解方法一般有：贝尔曼—伊萨克斯（Bellman - Isaacs）方法、哈密顿—雅可比（Hamilon—Jacobi）方法、极大极小值方法。具体过程如下。

（1）贝尔曼—伊萨克斯方法。与动态最优控制理论相似，微分对策同样满足最优化原理，即不管初始状态如何，微分对策过程中的任何时段均是最优的。根据最优化原理可导出满足贝尔曼—伊萨克斯最优策略的方程。

①Isaacs 方程。对 $(\tau, \xi) \in (t_0, T_0) \times R^m$，控制变量 $v(\tau, \xi)$ 满足以下方程：

$$\frac{\partial v(\tau,\xi)}{\partial \tau} + \max_{u \in U} \min_{v \in U} \left\{ \sum_{i=1}^{m} \frac{\partial v(\tau,\xi)}{\partial \xi_i} f_i(\tau,\xi,u,v) + h(\tau,\xi,u,v) \right\} = 0 \tag{2.7}$$

其中，$f(\tau, \xi, u, v)$ 和 $h(\tau, \xi, u, v)$ 均为 u、v 的可分离函数，在 $[t_0, T_0] \times R^m \times U \times V$ 的有界子集关于 (t, x) 一致李普希茨连续（Lipschitz continuity），且 $g(x)$ 在 R^m 的有界子集中一致李普希茨连续。

②Bellman—Isaacs 方程。如果 $g(x)$ 在 R^m 中的连续，则有：

$$\sup_{\Gamma_\delta}\inf_{\Delta^\delta}\left\{\begin{aligned}&\frac{v_\delta(\tau+\varepsilon,\bar{x}_\delta(\tau+\varepsilon))-v_\delta(\tau+\varepsilon)}{\varepsilon}\\&+\frac{1}{\varepsilon}\int_\tau^{\tau+\varepsilon}h(t,\bar{x}_\delta(t),\bar{u}_\delta(t),\bar{v}^\delta(t))\mathrm{d}t\end{aligned}\right\}=0 \tag{2.8}$$

该方程先由贝尔曼（Bellman）提出，之后伊萨克斯（Isaacs）也独立地提出了这一方程，因此，将其称为 Bellman—Isaacs 方程。在运用该方程求解时，需先写出 Isaacs 方程，在实际求解过程中，此方法可能受到一定的限制。

（2）汉密尔顿—雅可比（Hamilon—Jacobi）方法。令 $\lambda=(\lambda_1, \lambda_2, \cdots, \lambda_m)^T\in R^m$ 为任意向量，那么 Hamilon 函数为：

$$H(t,x,u,v,\lambda)=h(t,x,u,v)+\lambda^Tf(t,x,u,v) \tag{2.9}$$

解出反馈控制变量 $u^0(t, x, \lambda)$ 和 $v^0(t, x, \lambda)$。然后，根据 Isaacs 方程建立以下方程：

$$\begin{aligned}&\frac{\partial v(\tau,\xi)}{\partial\tau}+\sum_{i=1}^m\frac{\partial v(\tau,\xi)}{\partial\xi_i}f_i(\tau,\xi,u^0(\tau,\xi,\nabla_\xi v(\tau,\xi)),v^0(\tau,\xi,\nabla_\xi v(\tau,\xi)))\\&\quad+h(\tau,\xi,u^0(\tau,\xi,\nabla_\xi v(\tau,\xi)),v^0(\tau,\xi,\nabla_\xi v(\tau,\xi)))=0\end{aligned} \tag{2.10}$$

式（2.10）为固定逗留期微分对策 Hamilon—Jacobi 方程。在 $[t_0, T_0]\times R^m$ 上，将终值条件 $v(T_0,\xi)=g(\xi)$ 和 Hamilon—Jacobi 方程联立，可解得 $v(\tau, \xi)$。最后，验证 $u^*(t,x)=u^0(t,x,\nabla_x v(\tau,\xi))$，$v^*(t,x)=v^0(t,x,\nabla_x v(\tau,\xi))$ 是否为正规合成鞍点。

（3）极大极小值方法。定量微分对策问题可转化为一个关于极大值与极小值的控制问题。与单方极值控制不同，此时 Hamilon 函数需满足一方取极大值，另一方取极小值条件，故称作双方极值原理或者极大极小值原理。在 Isaacs 方程的假设中添加一个限制条件，即函数 $f(t, x, u, v)$ 在 $[t_0, T_0]\times R^m\times U\times V$ 的有界子集中关于 (u, v) 一致李普希茨连续。所有符合 $u\in U$ 与 $v\in V$ 的正规合成鞍点 $(u^*(t, x), v^*(t, x))$ 需满足极大极小值原理，即：

$$\max_{u\in U}\left\{\sum_{i=1}^m\frac{\partial v(\tau,\xi)}{\partial\xi_i}f_i(\tau,\xi,u,v)+h(\tau,\xi,u,v)\right\}$$

$$= h(\tau,\xi,u^*(\tau,\xi),v) + \sum_{i=1}^{m} \frac{\partial v(\tau,\xi)}{\partial \xi_i} f_i(\tau,\xi,u^*(\tau,\xi),v) \tag{2.11}$$

$$\min_{v \in V} \left\{ \sum_{i=1}^{m} \frac{\partial v(\tau,\xi)}{\partial \xi_i} f_i(\tau,\xi,u,v) + h(\tau,\xi,u,v) \right\}$$

$$= h(\tau,\xi,u,v^*(\tau,\xi)) + \sum_{i=1}^{m} \frac{\partial v(\tau,\xi)}{\partial \xi_i} f_i(\tau,\xi,u,v^*(\tau,\xi)) \tag{2.12}$$

对以上方程组求解，可得出参与决策人的最优策略。虽然微分对策的解析解不易求得，但在某些特定数学结构情形下，例如线性二次型（LQ），可利用汉密尔顿—雅各布—贝尔曼（Hamilton Jacob Bellman，HJB）方程求出微分方程的解析解，本书的微分对策模型求解均采用此方法。

2.2 文献综述

2.2.1 天然气地缘政治及贸易博弈的研究

地缘政治学是西方政治地理学中创立较早、影响较大的核心理论。从广义上讲，地缘政治学的研究对象是在特有的地理环境中国家之间的相互作用（袁胜育，2012）。该理论把地理因素视为影响国家对外政治决策的一个基本因素，依据这些地理因素，分析世界或地区范围内的战略形势，以及预测有关国家的政治行为。瑞典地理学家鲁道夫·契伦（Rudolf Kjellén）于 1905 年首次提出“地缘政治学”（geopolitics）这一概念（王双，2012；毛汉英，2014）。1938 年，著名地缘政治学家尼古拉斯·斯皮克曼（Nicholas John Spykman）认为，一个国家的地缘政治对该国家的安全战略，及对制定的对外经济贸易政策通常可起到决定性的作用。此后，“地缘政治学”经过不断地发展，形成了一些比较有影响力的理论，主要包括“陆权论”“海权论”“空权论”和“生存空间论”等（毛汉英，2014；董秀成，2015）。

石油和天然气作为当今世界的重要战略资源，其在全球范围的频繁流动已超出了经济的范畴。由于石油和天然气资源具有不可再生、稀缺、全球分布不均匀等特性，从而决定了其具有地缘政治属性（杨宇等，2015）。1978年，美国学者梅尔文·柯南特（Melvin A. Conant）在其著作《能源地缘政治学》中首次提出了“能源地缘政治学”（geopolitics of energy）的概念，它是一门将能源地理因素与能源外交政策相融合的新型学科。谢瓦利埃（Chevalier，2009）认为，由于全球范围内主要的油气资源分布不均匀，使得产生巨大的油气资源生产与消费市场，因而导致了油气资源在能源地缘政治中具有特殊地位；还有学者认为，能源地缘政治优势可能会使得一些能源的富裕国家在国际社会中拥有杠杆权力、联合国否决权，以及增强在国际博弈中的主动权（袁胜育，2012；董秀成，2015）。目前，由于石油和天然气是全球的主要能源，从而能源地缘政治经过不断地发展逐渐产生了“石油地缘政治学”“天然气地缘政治学”等新理论（王双，2012）。与石油相比，天然气的地缘政治性更强，天然气贸易关系也逐渐地由经济转向地缘政治。戈德索（Goldthau，2008）认为，由于天然气贸易的运输方式主要以缺乏流动性和灵活性的管道运输为主，加之区域天然气市场成熟度、供需关系及定价方式存在差异，从而导致天然气市场具有地缘政治属性。斯通（Stone，2010）认为，进口国、出口国与过境国三方对天然气外交政策的依赖性存在以下特征：其一，与石油市场相比，天然气市场更依赖外交政策；其二，与 LNG 运输方式相比，天然气管道运输方式更依赖于外交政策，其三，与过境国相比，进口国更依赖于与出口国的外交关系。耶戈罗（Yegorov，2010）认为，过境国从出口国与进口国天然气贸易中寻租的行为，会使得出口国和进口国之间产生天然气贸易外部性。科克（Coq，2011）则认为，过境路线的规划可能会直接影响到出口国与进口国在天然气贸易市场中的博弈地位，同时，过境国因自身地缘政治地位的上升，会使其成为出口国和进口国共同拉拢的目标。富景筠（2014）认为，天然气贸易市场的区域垄断性，会使得进口国可能遇到天然气供应突然中断而难以灵活应对的状况；出口国可凭借其垄断地位对进口国产生杠杆作用；通常出口国与进口国之间的天然气运输需经过第三方过境国，这会使得进出口两国的能源外交关系变得更加复杂。

目前，天然气出口国与进口国之间的博弈研究对象主要以俄罗斯与欧洲、俄罗斯与中国为主。

在俄罗斯与欧洲的天然气博弈研究方面，多数学者认为俄罗斯在博弈中占据主导地位。格拉斯（Grais，1996）基于俄罗斯与乌克兰、白俄罗斯等国之间存在天然气贸易争端的事实，构建了出口国、过境国与进口国三者的层级式斯坦克伯格（Stackelberg）博弈模型，将天然气价格、天然气贸易量与过境费作为关键变量纳入博弈模型进行分析。研究表明，欧洲应该重视天然气进口供给安全，考虑其对俄罗斯天然气产生高度依赖性的潜在负面影响。布茨（Boots，2004）构建了欧洲天然气市场上以出口国为主导者、进口国为跟随者的 Stackelberg 博弈模型。研究表明，欧盟作为博弈中的跟随者，可以通过增加进口源的方式用于防止天然气贸易过于集中，这样可以降低天然气进口价格，削弱出口国的垄断势力。菲农（Finon，2008）认为，俄罗斯在欧洲天然气市场上拥有卖方垄断地位，欧盟应该采取相关措施以防范卖方垄断地位而带来的风险。李斯（Lise，2008）构建了一个动态博弈模型，研究了天然气出口国的战略行为对未来天然气进口价格的影响，以及欧盟对天然气运输投资行为的影响。研究表明，欧盟对天然气运输的投资，以及出口国之间的出口竞争将导致天然气进口价格大幅下降，同时也会削弱出口国的垄断势力。阿巴达（Abada，2011）构建了俄罗斯、阿尔及利亚等出口国与德国、保加利亚等进口国之间的古诺模型，研究了供应中断风险对天然气进口价格与社会福利的影响，以及进口国的最优进口策略。研究表明，如果供应中断风险与天然气进口价格均过高，那么进口国应放弃进口天然气行为。耶戈罗（Yegorov，2011）认为，天然气市场未来最终将形成一个寡头竞争市场。俄罗斯、伊朗和卡塔尔三个天然气出口国，与欧盟、美国和亚洲三大天然气进口区域之间将形成寡头竞争—买方垄断的关系。其中，由于俄罗斯天然气开采的灵活性较强，且其政治影响力较大，因此，其能够较好地控制未来以管道和 LNG 方式流入欧洲和亚洲的天然气份额；卡塔尔很可能专注于出口 LNG；伊朗则比较自由地选择出口方式和对象。

在俄罗斯与中国天然气博弈研究方面，布兰克（Blank，2005）认为，中国在中亚的经济与政治影响力不断增强，俄罗斯对此形势感到担忧，加之俄罗斯的天然气出口贸易受到美国能源势力介入等因素的影响，俄罗斯、中国与哈萨克斯坦三国之间形成三角能源合作关系的可能性不大。张英（2009）认为，俄罗斯在中俄双边能源合作中具有战略主导优势，而中国始终处于较为被动的地位。埃德尔（Eder，2009）认为，中俄的政治经济关系及双边能源合作主要受到俄罗斯对外能源政策的影响。由于俄罗斯对外能源政策变化较快，往往会延缓中俄双边能源合作的进程，这使得中国不断寻求新的能源进口源，例如将中亚作为新的重要进口源。也有学者从中俄博弈的主从关系进行研究。利姆（Lim，2011）进行了俄、中、日三国在远东能源管道建设上的博弈研究，认为当前三个国家已形成了一个既有竞争又有合作的能源关系。俄罗斯是能源供应国，从能源需求的角度来看，中国与日本之间存在竞争关系，但从区域经济整合的角度来看，三国之间又存在着能源合作的必要性。陈菁泉（2011）则认为，中俄之间的天然气博弈先后经历三个阶段，依次为中方消极俄方积极、中方积极俄方消极以及中俄双方均积极合作；认为中俄天然气合作的前景表明中国在双边合作过程中的有利因素正在增加。杨雷（2014）认为，中俄双方在历经了20余年博弈后签署的天然气贸易合同是一个双赢的结果，俄罗斯获得了巨大的天然气消费市场，中国则得到了充足且稳定的天然气进口源。

2.2.2 天然气供应安全及其基础设施的研究

目前，主要有以下学者对天然气贸易供应安全进行了研究分析。格雷斯（Grais，1996）通过构建数理模型，从博弈的角度考察了出口国、进口国与运输商三方之间的关系。库瓦哈拉（Kuwahara，2000）构建了非线性规划模型，有效地优化了LNG供应系统。厄泽尔坎（Özelkan，2008）构建了混合整数规划模型，有效地优化了LNG进口终端设计。卡巴鲁（Cabalu，2010）通过构建天然气供应安全指数，研究了亚洲七个进口国在天然气供应中断情形下的易损程度。阿巴达和马索尔（Abada & Massol，2011）构建了静态的古诺模型，研究了天然气供应安全不确定性对天然气零售商在履行长期天然气合约中的行为与福利的影响。比雷塞利奥卢（Biresselioglu，2012）在考虑了政治、经济与市场安全风险等因素的基础上，通过构建多目标规划模型研究了土耳其 LNG 进口安全策略。比雷塞利奥卢（2015）认为，衡量天然气供应安全最有效的指标为：出口国的数量，天然气的进口总量以及出口国天然气供应安全的脆弱性。维拉达和奥拉亚（Villada & Olaya，2013）考虑到天然气开采、需求及基础设施的相互作用决定了其供应，以及天然气供应安全在经济、军事、政治、环境和技术等方面的影响下存在风险，构建了天然气供应链模型并运用实证方法，研究了运输能力、市场灵活性对哥伦比亚天然气供应安全的影响。沙弗（Shaffer，2013）认为，在天然气贸易市场中，出口国与进口国之间的政治关系是天然气供应安全的重要影响因素；在两国的外交政治较量中，依赖性较弱的一方往往比较容易利用另一方依赖性较强这一弱点而获利。

与此同时，也有不少学者对中国天然气进口供应安全进行了研究。东村（Higashi，2009）从供需状况、市场结构、天然气价格与进口供应安全等方面研究了中国天然气市场的演化过程，认为中国在 2015 年将成为第三大 LNG 进口国以及亚太地区最大的管道天然气进口国。林（Lin，2010）概述了中国 LNG 工业的发展现状，指出为了保障 LNG 进口供应安全，中国在 2020 年的 LNG 进口量将增加至 200 亿立方米/年，同时还需增加建造 10 座大型的 LNG 接收站。史（Shi，2010）认为，LNG 接收站将是中国未来实施保障天然气进口供应安全战略的重要能源基础设施。耿（Geng，2014）对中国天然气进口供应安全的易损性进行了研究，认为中国天然气进口供应安全对 GDP 的影响主要源自对外进口的依赖程度，相比而言，天然气消费量的影响要小很多。

世界天然气产业发展经验表明，天然气管网、储气库、LNG 接收站等基础设施的丰富和完善程度是能够体现天然气产业发达程度与保障天然气供应安全的最重要的指标之一。斯凯（Skea，2012）等研究了英国在遭遇天然气进口中断时，天然气基础设施发挥的作用。洛赫纳（Lochner，2011）和迪克（Dieckhöner，2013）等通过建立各种情形下的天然气基础设施模型，分析了欧洲天然气市场基础设施的运输能力，以及对基础设施运输能力遇到瓶颈状况的识别能力。研究表明，欧洲国家整体的天然气市场进口一体化水平较高，德国与丹麦以及一些东欧国家在某些情形下可能会遭遇到天然气基础设施运输的瓶颈。张（Zhang，2015）构建最优化模型，研究了天然气供应成本对我国区域间天然气流动及天然气基础设施调度的影响。结果表明，国内非常规天然气生产成本和天然气进口成本是影响我国区域间天然气流动及天然气基础设施调度的两个关键因素；天然气基础设施主要根据不同情形下的区域间天然气流动进行调度。

2.2.3 天然气储备及进口多元化的研究

为了应对经济、政治、军事以及自然灾害等诸多因素引起的天然气供应安全问题，不少学者主要针对进口国提出了“天然气储备”和“天然气进口多元化”等策略。

不少学者已对“天然气储备”展开了研究，李凌峰（2006）对天然气进口供应安全的影响因素进行了研究，指出为了降低突发事件对天然气进口供应的影响，进口国应构建完善的天然气储备制度。殷建平（2010，2014）概述了包括英国、法国、德国、意大利、西班牙、乌克兰六个欧洲国家及美国的天然气储备现状，认为中国应该借鉴这些国家的经验，加快天然气储备进程。洛赫纳（Lochner，2011）构建了基础设施调度模型，研究了2009年乌俄“斗气”事件对欧洲天然气市场的影响，结论证实了乌克兰的天然气储备能够弥补2/3以上的供应缺口。斯凯（Skea，2012）认为，2009年，国际能源署的欧洲国家平均天然气储备量为30天日均进口量，其中意大利和法国分别为55天和70天。截至2015年，在建的天然气基础设施将使得这些国家的平均天然气储备量达到83天。莫比（Morbee，2010）通过构建分层博弈模型，研究了俄罗斯天然气出口供应安全的不确定性对欧洲进口国的影响，认为这些进口国的天然气储备量与最优进口量之间呈负相关，在天然气出口供应安全不确定的情形下，这些国家应增加天然气储备量，减少来自俄罗斯的天然气进口。殷建平（2014）和张（Zhang，2015）认为，截至2014年底，中国已建成地下储气库的调峰应急储备量仅占天然气年消费量的1.7%，距世界平均水平10%有着不小的差距，部分发达国家的调峰应急储备量甚至达到年消费量的17%～27%，中国应借鉴这些国家的经验，建立健全的天然气储备制度，以减少天然气供应安全不确定带来的负面影响。邹莉娜（2017）认为，在兼顾消费者剩余和供应安全总效用最大化的条件下，进口国实施天然气储备能够避免天然气进口价格倒挂现象。

也有不少学者研究了天然气储备对天然气价格的影响。莫吉塔赫迪亚（Modjtahedia，2005）和穆（Mu，2007）认为，天然气储备具有平滑季节性生产周期变动的功能，指出竞争性的天然气储备对天然气现货和期货的价格水平波动都具有重要影响。查顿（Chaton，2008，2009）认为，在面临不确定性市场需求时，天然气公司可以通过储备来调节供应，以获得储备天然气在不同季节下的最优注入和释放策略，以及该策略对价格波动的影响。博纳奇纳（Bonacina，2009）和巴拉内斯（Baranes，2014）研究了天然气储备对现货和下游市场天然气公司之间竞争的影响，认为第三方准入制度能够促使上游市场的公司进行天然气储备，从而导致下游的天然气批发价格提高，社会福利下降。杜兰德·维尔（Durand-Viel，2014）研究了天然气储备对天然气公司间竞争的战略意义，认为储备可以帮助供应方抢占未来需求市场，从而规避天然气现货市场价格上升的风险。在杜兰德·维尔的研究基础上，钟（Jong，2015）研究了竞争性天然气市场价格对最优储备规模产生的影响，认为天然气市场价格的波动性对其储备规模的影响相对有限。

以下是关于“天然气进口多元化”方面的研究。斯特恩（Stern，2002）研究了欧洲天然气进口供应安全问题，认为欧洲天然气贸易市场具有经济与政治安全风险；中亚、中东、里海和北非的进口天然气管道与多个 LNG 进口源，能够让一些欧盟国家在一定程度上降低这种风险。此外，一些欧盟国家从俄罗斯或阿尔及利亚进口的天然气量应不超过进口总量的 30%。斯特恩（2006）还认为，直至 2020 年，欧盟对俄罗斯天然气进口的依赖程度将不会显著减弱。一些依赖程度较高的国家，例如波罗的海地区以及欧洲东南部国家，为了减少因俄罗斯天然气出口供应安全脆弱而引起的供应中断，可采用进口 LNG 和来自阿塞拜疆的管道天然气。胡奥林（2008）认为，想要降低天然气进口供应风险，进口国从一个出口国进口的天然气量应不超过进口总量的 60%。比尔金（Bilgin，2009）认为，为了保障天然气供应安全，在欧盟天然气供应链中，进口国应该在阿塞拜疆、土库曼斯坦、伊朗和伊拉克等出口国中至少选择两个。翁巴赫（Umbach，2010）认为，欧盟实施进口多元化政策，将使俄罗斯对欧洲市场的预期天然气出口量下降。陆家亮（2010）分析了全球天然气贸易市场的现状及特点，提出加快构造多元化进口气源体系是保障我国天然气供应安全的必要途径，并认为我国天然气对外进口依赖程度应控制在50%以下。邹莉娜（2017）认为，天然气进口多元化程度并非越高越好，存在一个最优进口多元化程度，能够兼顾经济利益与供应安全总效用达到最大。

2.2.4 天然气与替代能源价格相关性的研究

由于天然气与石油之间具有较强的替代性，加之世界上许多国家和地区将国际原油价格作为天然气的定价基准，因此，天然气市场价格可能在很大程度上会受到国际原油价格的影响。目前已有许多文献研究了原油价格与天然气价格之间的关系，将两者之间是否存在分离关系视为研究的焦点，可以得出原油价格与天然气价格之间存在长期协整关系的结论（Villar & Joutz, 2006; Asche, 2006）。巴赫迈尔和格里芬（Bachmeier & Griffin, 2006）研究发现，1991～2004年的美国原油价格和天然气之间存在较强的协整关系。帕纳吉奥蒂迪斯和拉特利奇（Panagiotidis & Rutledge, 2007）研究发现，1996～2003年的英国天然气价格与原油价格之间存在协整关系。尽管原油价格受到的冲击对天然气价格产生了影响，但两者之间并未呈现出分离现象。布朗和尤塞尔（Brown & Yücel, 2008）利用1997～2007年的周度数据及构建条件误差修正（ECM）模型研究发现，在天气季节变化等外生因素的影响下，美国西德克萨斯中级原油（WTI）原油价格和亨利枢纽（Henry Hub）气价格仍存在协整关系。哈特利等（Hartley et al., 2008）利用1990～2006年的月度数据研究发现，原油价格与天然气价格之所以存在稳定的协整关系，是因为天然气与居民燃料油之间存在一定的替代关系，并且发电技术的进步也会影响原油和天然气价格的长期关系。哈特利（2008）还通过构建向量误差修正（VECM）模型研究了原油价格与天然气价格之间产生短暂分离的原因，认为天然气储备、天气及季节性等因素对两者处于短期的动态关系有着显著影响。托恩（Tonn, 2010）采用小波分析方法研究了原油期货价格与天然气期货价格之间的关系，认为两者在高频部分存在较高的相关性，然而两者在低频部分却有着非常弱的相关性。阿特斯和黄（Ates & Huang，2011）采用递归协整估计方法研究了原油价格与天然气价格之间的关系，认为两者之间存在长期稳定的均衡关系。随着研究的不断深入，近几年的一些研究结果表明，原油价格与天然气价格之间的关系已经呈现出分离现象。朗加尼和松本（Loungani & Matsumoto，2012）认为，由于美国页岩气革命使得其天然气产量大幅增加，从而导致国内天然气价格下降，因此，美国原油价格与天然气价格出现了分离。鄂尔多斯（Erdös，2012）认为，美国和英国的原油价格与天然气价格之间的关系在2009年之前均处于长期均衡关系，在2009年之后，英国的原油价格与天然气价格之间的关系仍然不变，但美国原油价格与天然气价格之间的关系却出现分离现象。兰贝格和帕森斯（Ramberg & Parsons，2012）则认为，尽管原油价格与天然气价格存在分离，但是这种分离只是短暂的，长期下两者仍然存在协整关系。阿蒂尔（Atil，2014）通过构建自回归分布滞后（ADL）模型研究了以原油价格到天然气价格的传导机制，认为原油价格对天然气价格的作用机制是非对称、非线性的，与原油价格的正向冲击作用相比，它的负向冲击作用更显著。

2.3 本章小结

本章首先介绍了本书数理模型中需要运用到的最优控制理论和微分对策理论，为本书的后续研究奠定了研究基础，接着从天然气地缘政治及贸易博弈、天然气供应安全及其基础设施建设、天然气储备与进口多元化，以及天然气与替代能源价格相关性等方面综述了目前的研究成果。

（1）现有关于天然气供应安全的研究主要从地缘政治的角度说明了供应安全的存在性，且主要体现为进口供应安全。一些研究主要通过构建博弈、非线性规划以及混合整数规划等数理模型对进口供应安全现状进行优化；还有一些研究通过计量实证方法构建了天然气供应链仿真模型，评价了经济、管理、政治、环境和技术等因素对天然气供应安全的影响。

（2）关于天然气基础设施的研究，目前主要是针对一些欧盟天然气进口国的基础设施发挥的作用；通过建立各种情形下的天然气基础设施评价模型，分析了欧洲天然气市场基础设施的运输能力，以及对基础设施运输能力遇到瓶颈状况的识别能力；通过构建最优化模型研究了天然气供应成本对我国区域间天然气流动，以及天然气基础设施调度的影响。

（3）在有关天然气储备及进口多元化的研究中，天然气储备、进口多元化大多作为解决天然气供应安全问题的具体策略。关于天然气储备的研究，一部分是从保障供应安全的角度研究储备对天然气进口量的影响；另一部分是从天然气经济持续稳定发展的角度研究储备对天然气价格影响；关于天然气进口多元化的研究，主要是针对强调进口多元化策略对进口国的必要性，以及如何选取多元化进口源与进口规模等问题进行。

（4）在有关天然气与替代能源价格相关性的研究中，目前多数文献主要借助于协整检验、误差修正等计量方法集中研究天然气价格与以原油为代表的替代能源价格之间的关系，重点关注两者之间是否存在分离趋势。

3 基础设施影响下的天然气贸易博弈

3.1 概　　述

近年来，我国天然气消费需求不断增加，2017 年，我国天然气消费总量 2373 亿立方米，同比增加了 315 亿立方米，同比增长 15.3%。与此同时，我国天然气进口量也逐年攀升，逐渐变成天然气净进口国，天然气对外依赖程度也越来越大。2017 年，我国天然气进口量累计 960 亿立方米，同比增长 27.6%，对外依存度从 2007 年的 2% 飙升至 39%。在 2015 年中国气体清洁能源发展与能源大转型高层论坛上，国家能源局专家表示，我国要大力提高天然气的消费比重，扩大天然气的使用规模，力争在 2020 年天然气消费占一次能源消费中的比重达 10% 左右，2030 年天然气消费占比达 15% 左右。可见，在未来的发展道路上天然气的需求潜力巨大。我国作为天然气消费与进口大国，其供应安全问题成为"十三五"能源规划中的重要内容。

通常，造成进口国天然气供应安全问题的原因有很多，例如，出口国因经济、政治、军事以及自然灾害等因素造成天然气出口供应中断；又或者是进口国自身因天然气储备不足，天然气进口多元化程度不高，天然气与其他替代能源比价关系不合理等因素引起国内天然气供需矛盾。此外，还有一个重要因素在于进口国的天然气管网、储气库、LNG 接收站等基础设施建设滞后。例如，2017 年冬季，我国天然气供应紧张，天然气价格也持续上涨，国家统计局数据显示，2017 年 8 月下旬全国 LNG 价格为 3129. 1 元/吨，9 月同期价格为 3519 元/吨，10 月为 4337. 4 元/吨，11 月为 5636. 7 元/吨。按此计算，2017 年 11 月 LNG 价格比 8 月上涨高达 80%，比 9 月上涨 60%，比 10 月上涨 30% 左右。然而，2017 年 12 月 8 日，华南地区码头气库的进口 LNG 批发价为 4780. 8 元/吨，与 2017 年 10 月 13 日的价格相比，却只提高了 3. 5%。换言之，华北、华中地区“气荒”，不是全球天然气供应紧缺、价格上涨，而是有天然气却进不来。此次华北、华中地区出现大面积“气荒”，主要原因就是 LNG 接收站的基础设施建设滞后，LNG 接收能力不足，导致取暖季新增需求难以得到满足。鉴于此，本章提出了进口国兼顾经济利益和供应安全的目标函数，主要研究进出两国如何采取最优策略，使得它们的各自效用达到最大。

在已有的研究中，关于进口国天然气基础设施的研究主要针对基础设施运输能力的评估、运输能力遇到瓶颈状况时的识别以及天然气供应成本等问题。考虑到基础设施对进口国天然气供应安全的影响以及采用基础设施存量对天然气供应安全进行量化的研究较少，对供应安全影响下进出口两国共建天然气基础设施的博弈问题缺乏深入的讨论。为此，鉴于某些进口国可能存在因基础设施建设滞后而导致天然气供应安全问题。本章提出了兼顾经济利益和供应安全的目标函数，并以此构建了进出口国共建基础设施的动态博弈模型，运用微分对策理论（Dockner，2000），分析了动态环境中的动态优化问题，试图为以我国为代表的进口国与其他出口国在天然气贸易中共建天然气基础设施方面提供一定的理论支持。

3. 2 模型描述及相关假设

本章选择全球天然气贸易中，单个出口国与单个进口国组成的简单供应链系统为研究对象，研究两国共建天然气基础设施问题。由于某些进口国对天然气进口需求量较大，且具有较强的依赖性，从而会表现出明显的天然气供应安全意识。两国共建天然气基础设施，一方面，出口国可借此增加对进口国的天然气出口量而获得更多利益；另一方面，进口国不仅可借此增加国内消费者的天然气需求量获得更多利益，还能保障天然气供应安全。因此，基础设施建设在天然气供应链系统中的影响机制如图 3. 1 所示。

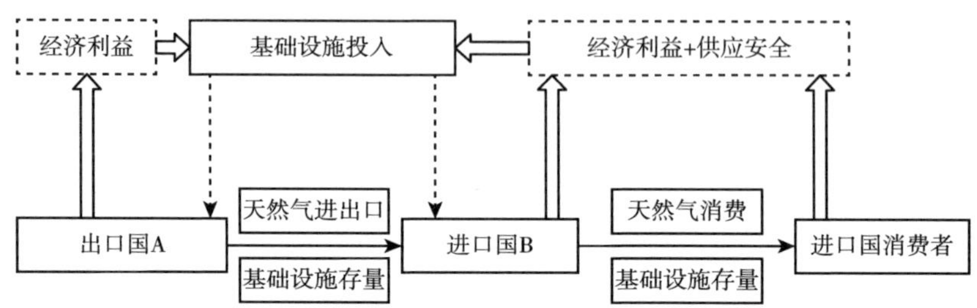

图 3. 1　天然气进出口供应链中的基础设施建设影响机制

3. 2. 1　天然气需求函数

中俄东线天然气管道事件涉及中俄合作和国家能源战略安全。2014 年 5 月底，俄罗斯天然气工业股份公司与中国石油天然气集团公司签署了为期 30 年，价值将达到 4000 亿美元的《中俄东线供气购销合同》。双方商定，自 2019 年 12 月 20 日起，俄罗斯开始通过双方共同建设的“西伯利亚力量”管道向中国供气，输气量逐年增加，最终达到 380 亿立方米。可见，在双方为保障天然气供应安全而加快天然气基础设施建设步伐的情况下，如果仍然采用传统的需求函数则显得不太合适。因此，本章假设进口国的天然气需求函数为（Ghosh，2015；Zhang，2013；Basiri，2017）：

$$Q(t) = \alpha - \beta p(t) + \gamma K(t) \tag{3.1}$$

其中，$Q(t)$ 表示进口国在 t 时刻的天然气需求量，$\alpha > 0$ 表示进口国对天然气的潜在需求量，$\beta > 0$ 可用于反映进口国的天然气需求价格弹性，$p(t)$ 表示进口国在 t 时刻的天然气销售价格，$K(t)$ 表示进出口两国在各自境内 t 时刻共同建成的天然气基础设施存量。与 $\beta > 0$ 类似，$\gamma > 0$ 可用于反映天然气需求基础设施弹性，即进口国天然气需求量对基础设施存量的敏感系数。显然，天然气基础设施存量增加有助于增加进口国的天然气需求量。

3.2.2 目标函数

出口国 A 与进口国 B 在各自境内建设天然气基础设施将支付相应的成本。例如，根据《中俄东线供气购销合同》的约定，东线主供气源地为俄罗斯东西伯利亚的伊尔库茨克州科维克金气田和萨哈共和国恰扬金气田，俄罗斯天然气工业股份公司负责气田开发、天然气处理厂和俄罗斯境内管道的建设，中石油负责中国境内输气管道和储气库等配套基础设施建设。本章假设两国的成本函数分别为（Liu，2015；Zhou，2017）：

$$C_A(t)=\frac{c_A}{2}I_A^2(t),C_B(t)=\frac{c_B}{2}I_B^2(t) \tag{3.2}$$

其中，$I_A(t)$ 和 $I_B(t)$ 分别表示出口国 A 与进口国 B 在 t 时刻的天然气基础设施投入，c_A 和 c_B 分别表示两国基础设施投入的成本系数。由式（3.2）可见，基础设施建设成本与投入量之间呈二次函数关系，表明随着基础设施投入的增加，不仅其所耗费的总成本增加，其边际成本也随之增加。

出口国 A 为了追求经济利益最大化，其目标函数为：

$$V_A=\max_{I_A(t)}\int_0^{\infty}e^{-\rho t}\left\{(w-\tilde{c})(\alpha-\beta p(t)+\gamma K(t))-\frac{c_A}{2}I_A^2(t)\right\}\mathrm{d}t \tag{3.3}$$

其中，ρ 表示天然气贸易市场的贴现率，w 表示天然气出口价格，$\tilde{c}$ 表示天然气开采和运输的单位成本。在全球天然气贸易中，天然气出口价格通常不易随时间的变化而变化，且其时滞性较强。因此，本章假设天然气出口价格 w 是一个与时间 t 无关的外生变量。

通常，对天然气进口依赖性较强的进口国来说，如果拥有充足的天然气管网、储气库、LNG 接收站等基础设施，那么当出口国的天然气供应充足时，进口国便可以更充分地将进口天然气引入国内，以保障国内的天然气供应安全。因此，本章在进口国兼顾经济利益和供应安全效用的背景下，假设进口国的天然气供应安全效用函数为（Heydari，2017）：

$$U(t) = \lambda(K(t) - K_L) \tag{3.4}$$

其中，$\lambda \geqslant 0$ 表示进口国的天然气供应安全意识，$K_L \geqslant 0$ 表示进口国在满足天然气进口基本需求时的基础设施存量，以下简称“基础设施基准量”。

由式（3.4）可见，进口国的供应安全效用不仅与自身的供应安全意识有关，还与自身天然气基础设施基准量的大小有关。当 $K(t) < K_L$ 时，进口国的供应安全效用为负，且随着供应安全意识的增强而减弱；当 $K(t) > K_L$ 时，进口国的供应安全效用为正，且随着供应安全意识的增强而增强；当 $K(t) = K_L$ 时，表明此时天然气基础设施存量恰好满足其基本进口需求量，那么即使供应安全意识越强，进口国获得的效用始终为零。

综上所述，进口国 B 为了追求兼顾经济利益及天然气供应安全效用最大化，其目标函数可表示为：

$$V_B = \max_{I_B(t), p(t)} \int_0^{\infty} e^{-\rho t} \left\{ (p(t) - w)(\alpha - \beta p(t) + \gamma K(t)) - \frac{c_B}{2} I_B^2(t) + U(t) \right\} \mathrm{d}t \tag{3.5}$$

由式（3.5）可见，虽然天然气基础设施存量越多，进口国的供应安全效用越高，但同时基础设施建设成本可能也随之上升。因此，进口国在选择天然气销售价格与基础设施投入等最优决策时，必然会在供应安全效用与成本之间进行权衡。

3.2.3 天然气基础设施的动态约束

由上述可知，虽然两国双方是在各自境内建设天然气基础设施，但各自建设的基础设施对双方天然气贸易缺一不可，且与双方投入水平有关，并能够给双方都带来好处。因此，本章在一定程度上将整体天然气基础设施可视为双方共建的基础设施（类似于公共品）。那么，天然气基础设施存量 $K(t)$ 在 t 时刻的动态变化关系可表示为（Bertinelli，2014；Benchekroun，2016）：

$$\dot{K}(t) = \theta_A I_A(t) + \theta_B I_B(t) - \delta K(t), K(0) = K_0 \geqslant 0 \tag{3.6}$$

其中，θ_A 和 θ_B 分别表示出口国 A 和进口国 B 对天然气基础设施投入的效率系数，δ 表示天然气基础设施的折旧率，K_0 表示初始时刻的天然气基础设施存量。例如，2014 年 9 月，东线天然气俄方境内段“西伯利亚力量”管道正式开工，而“西伯利亚力量”管道中国境内段开工修建时间却为 2015 年 6 月。本章假设 2015 年 6 月为两国共建“西伯利亚力量”管道的初始时刻。

为了简化模型计算，本章还假设 $\tilde{c}=0$，$\theta_A=1$，$\theta_B=1$。那么，在出口国为追求经济利益最大化，进口国考虑兼顾经济利益与供应安全效用最大化而共建天然气基础设施的背景下，两国之间的动态博弈问题可归纳为：

$$\max_{I_A(t)}\int_0^{\infty} e^{-\rho t}\left\{w(\alpha-\beta p(t)+\gamma K(t))-\frac{c_A}{2}I_A^2(t)\right\}\mathrm{d}t$$

$$\max_{I_B(t),p(t)}\int_0^{\infty} e^{-\rho t}\left\{(p(t)-w)(\alpha-\beta p(t)+\gamma K(t))-\frac{c_B}{2}I_B^2(t)+\lambda(K(t)-K_L)\right\}\mathrm{d}t$$

$$\text{s. t. } \dot{K}(t)=I_A(t)+I_B(t)-\delta K(t),K(0)=K_0\geqslant 0 \tag{3.7}$$

由式（3.7）可知，两国的动态博弈问题实质上也是一个双方最优控制问题。天然气基础设施投入 $I_A(t)$ 为出口国 A 的决策变量，天然气销售价 $p(t)$、基础设施投入 $I_B(t)$ 为进口国 B 的决策变量，天然气基础设施存量 $K(t)$ 为两国共同的状态变量。对式（3.7）动态最优控制问题进行求解，并得到反馈均衡解，相关性质见以下定理 3.1 ~ 定理 3.5 所述。

3.3 模型求解与分析

定理 3.1 出口国 A 与进口国 B 的最优天然气基础设施投入、进口国 B 最优天然气销售价格与最优基础设施存量之间的动态关系分别为：

$$I_A^*=\frac{\gamma\beta c_B w}{c_A(\rho\beta c_B+\sqrt{\Delta})} \tag{3.8}$$

$$I_B(t)=\frac{\beta c_B(2\delta+\rho)-\sqrt{\Delta}}{2\beta c_B}K(t)+\frac{b_B}{c_B} \tag{3.9}$$

$$p(t)=\frac{\alpha+\beta w+\gamma K(t)}{2\beta} \tag{3.10}$$

其中，

$b_B=\dfrac{\gamma\beta c_B w\{c_B(\beta c_\beta(2\delta+\rho)-\sqrt{\Delta})-c_A(\beta c_B\rho+\sqrt{\Delta})\}+c_A c_B(\rho\beta c_B+\sqrt{\Delta})(\gamma\alpha+2\gamma\beta)}{c_A(\rho\beta c_B+\sqrt{\Delta})^2}$,

$\Delta=\beta^2c_B^2(\rho+2\delta)^2-2\beta c_B\gamma^2$。

证明：满足式（3.7）的 HJB 方程分别为：

$$\rho J^A=\max_{I_A(t)}\left\{w(\alpha-\beta p(t)+\gamma K(t))-\frac{c_A}{2}I_A^2(t)+J_K^A(I_A(t)+I_B(t)-\delta K(t))\right\} \tag{3.11}$$

$$\rho J^B=\max_{I_B(t),p(t)}\left\{\begin{array}{l}(p(t)-w)(\alpha-\beta p(t)+\gamma K(t))-\frac{c_B}{2}I_B^2(t)\\+\lambda(K(t)-K_L)+J_K^B(I_A(t)+I_B(t)-\delta K(t))\end{array}\right\} \tag{3.12}$$

式（3.11）对 $I_A(t)$ 求最大化的一阶偏导数条件可得：

$$-c_A I_A(t)+J_K^A=0\Rightarrow I_A(t)=\frac{J_K^A}{c_A} \tag{3.13}$$

式（3.12）分别对 $I_B(t)$、$p(t)$ 求最大化的一阶偏导数条件可得：

$$-c_B I_B(t)+J_K^B=0\Rightarrow I_B(t)=\frac{J_K^B}{c_B} \tag{3.14}$$

$$\alpha-\beta p(t)+\gamma K(t)-\beta p(t)+\beta w=0\Rightarrow p(t)=\frac{\alpha+\beta w+\gamma K(t)}{2\beta} \tag{3.15}$$

将式（3.13）、式（3.14）和式（3.15）代入式（3.11）、式（3.12）化简后分别可得：

$$\rho J^A=\left(\frac{w\gamma}{2}-\delta J_K^A\right)K(t)+\frac{w(\alpha-\beta w)}{2}+\frac{(J_K^A)^2}{2c_A}+\frac{J_K^A J_K^B}{c_B} \tag{3.16}$$

$$\rho J^{B}=\frac{(\alpha-\beta w+\gamma K(t))^{2}}{4\beta}+(\lambda-\delta J_{K}^{B})K(t)+\frac{J_{K}^{A}J_{K}^{B}}{c_{A}}+\frac{(J_{K}^{B})^{2}}{2c_{B}}-\lambda K_{L}\quad(3.17)$$

观察式（3.16）、式（3.17），可猜测满足他们的函数形式分别为：

$$J^{A}=b_{A}K(t)+e_{A},J^{B}=a_{B}K^{2}(t)+b_{B}K(t)+e_{B}\quad(3.18)$$

式（3.18）分别对 $K(t)$ 求偏导数可得：

$$J_{K}^{A}=b_{A},J_{K}^{B}=2a_{B}K(t)+b_{B}\quad(3.19)$$

将式（3.19）代入式（3.16）、式（3.17），再结合式（3.18）可得：

$$\begin{cases}\rho(b_{A}K(t)+e_{A})=\left(\frac{w\gamma}{2}-\delta b_{A}\right)K(t)+\frac{w(\alpha-\beta w)}{2}+\frac{b_{A}^{2}}{2c_{A}}+\frac{b_{A}(2a_{B}K(t)+b_{B})}{c_{B}}\\ \rho(a_{B}K^{2}(t)+b_{B}K(t)+e_{B})=\frac{(\alpha-\beta w+\gamma K(t))^{2}}{4\beta}+(\lambda-\delta(2a_{B}K(t)+b_{B}))K(t)\\ \qquad+\frac{b_{A}(2a_{B}K(t)+b_{B})}{c_{A}}+\frac{(2a_{B}K(t)+b_{B})^{2}}{2c_{B}}-\lambda K_{L}\end{cases}$$

（3.20）

由式（3.20）可得关于 a_B、b_B 和 b_A 的方程组为：

$$\begin{cases}a_{B}=\frac{2a_{B}^{2}}{\rho c_{B}}-\frac{2\delta a_{B}}{\rho}+\frac{\gamma^{2}}{4\beta\rho}\\ b_{B}=\frac{2a_{B}(b_{B}c_{A}+b_{A}c_{B})}{\rho c_{A}c_{B}}+\frac{\gamma(\alpha-\beta w)}{2\beta\rho}+\frac{\lambda-\delta b_{B}}{\rho}\\ b_{A}=\frac{\gamma w-2\delta b_{A}}{2\rho}+\frac{2a_{B}b_{A}}{\rho c_{B}}\end{cases}\quad(3.21)$$

由式（3.21）可得 $a_{B}=\frac{\beta c_{B}(2\delta+\rho)\pm\sqrt{\beta^{2}c_{B}^{2}(2\delta+\rho)^{2}-2\beta c_{B}\gamma^{2}}}{4\beta}$，虽然 a_B 存在两个正实根，但由于需满足定理3.2和定理3.3中式（3.22）~式（3.24）能够收敛至最优稳态条件，即 $g>0$，因此，$a_{B}=\frac{\beta c_{B}(2\delta+\rho)-\sqrt{\beta^{2}c_{B}^{2}(2\delta+\rho)^{2}-2\beta c_{B}\gamma^{2}}}{4\beta}$，

$$b_{B}=\frac{\gamma\beta c_{B}\{c_{B}(\beta c_{B}(2\delta+\rho)-\sqrt{\Delta})-c_{A}(\beta c_{B}\rho+\sqrt{\Delta})\}w+c_{A}c_{B}(\rho\beta c_{B}+\sqrt{\Delta})(\gamma\alpha+2\lambda\beta)}{c_{A}(\rho\beta c_{B}+\sqrt{\Delta})^{2}},$$

$b_A = \dfrac{\beta c_B \gamma w}{\beta c_B \rho + \sqrt{\beta^2 c_B^2 (2\delta + \rho)^2 - 2\beta c_B \gamma^2}} > 0$。其中，$\Delta = \beta^2 c_B^2 (\rho + 2\delta)^2 - 2\beta c_B \gamma^2$，定理 3.1 得证。

由定理 3.1 可以得到以下性质。

性质 3.1 要使得$\sqrt{\Delta}$有意义，则要求$\beta c_B(\rho + 2\delta)^2 \geqslant 2\gamma^2$；$\dfrac{\partial I_A^*}{\partial w} > 0$，$\dfrac{\partial I_A^*}{\partial \gamma} > 0$，$\dfrac{\partial I_B(t)}{\partial K(t)} > 0$，$\dfrac{\partial p(t)}{\partial K(t)} > 0$。

由定理 3.1 可见，I_A^* 是一个与时间 t 无关的常数，而 $I_B(t)$ 却与之相关。其原因可能是天然气销售价格 $p(t)$ 与基础设施存量 $K(t)$ 相关，从而进口国 B 在作决策时会考虑天然气销售价格的变化情况。而对出口国 A 来说，其制定的出口价格并不会随时间的变化而变化。由性质 3.1 可知，出口国 A 的最优天然气基础设施投入会随天然气出口价格上升或需求基础设施弹性增加而增加。进口国的最优基础设施投入及其销售价格均与基础设施存量之间呈正向关系。这是因为天然气基础设施存量的增加是由于出口国 A 与进口国 B 对基础设施投入的增加所致，同时，基础设施存量的增加虽然使得天然气需求量增加，但也增加了基础设施的建设成本。因此，进口国 B 为了追求效用最大化，通常会提高天然气销售价格。为了分析最优天然气基础设施存量、进口国 B 的最优基础设施投入及其最优销售价格的动态路径，利用定理 3.1 的计算结果对模型进行进一步求解，得到各最优策略关于时间的变化路径，具体如定理 3.2 和定理 3.3 所述。

定理 3.2 天然气基础设施存量的最优动态路径为：

$$K(t) = (K_0 - \overline{K}) e^{-gt} + \overline{K} \tag{3.22}$$

其中，$g = \dfrac{\sqrt{\Delta} - \rho\beta c_B}{2\beta c_B}$为天然气基础设施存量在动态路径上的收敛速度，$\overline{K} = \dfrac{2\beta(c_B I_A^* + b_B)}{\sqrt{\Delta} - \rho\beta c_B}$为天然气基础设施存量的最优稳态水平。

证明： 将式（3.8）、式（3.9）代入式（3.6），可得关于 $K(t)$ 的一阶线性微分方程为：

$$\dot{K}(t)-\left(\frac{\rho\beta c_B-\sqrt{\Delta}}{2\beta c_B}\right)K(t)=I_A^*+\frac{b_B}{c_B} \tag{3.23}$$

对式（3.23）微分方程进行求解可得：

$$K(t)=\frac{2\beta(c_BI_A^*+b_B)}{\sqrt{\Delta}-\rho\beta c_B}+\left(K_0-\frac{2\beta(c_BI_A^*+b_B)}{\sqrt{\Delta}-\rho\beta c_B}\right)e^{-\left(\frac{\sqrt{\Delta}-\rho\beta c_B}{2\beta c_B}\right)t} \tag{3.24}$$

定理3.2得证。

定理3.3 进口国B的天然气基础设施投入、天然气销售价格的最优动态路径分别为：

$$I_B(t)=\bar{I}_B+(I_{B0}-\bar{I}_B)e^{-gt} \tag{3.25}$$

$$p(t)=\bar{p}+(p_0-\bar{p})e^{-gt} \tag{3.26}$$

其中，$\bar{I}_B=\frac{2\beta c_B+(\beta c_B(2\delta+\rho)-\sqrt{\Delta})\bar{K}}{2\beta c_B}$，$\bar{I}_{B0}=\frac{2\beta b_B+(\beta c_B(2\delta+\rho)-\sqrt{\Delta})\bar{K}}{2\beta c_B}$，$\bar{p}=\frac{\alpha+\beta w+\gamma\bar{K}}{2\beta}$，$p_0=\frac{\alpha+\beta w+\gamma K_0}{2\beta}$。

证明： 将式（3.24）代入式（3.9）、式（3.10）分别可得：

$$I_B(t)=\frac{2\beta b_B+(\beta c_B(2\delta+\rho)-\sqrt{\Delta})\bar{K}}{2\beta c_B}+\frac{(\beta c_B(2\delta+\rho)-\sqrt{\Delta})}{2\beta c_B}(K_0-\bar{K})e^{-\left(\frac{\sqrt{\Delta}-\rho\beta c_B}{2\beta c_B}\right)t} \tag{3.27}$$

$$p(t)=\frac{\alpha+\beta w+\overline{\gamma K}}{2\beta}+\frac{\gamma}{2\beta}(K_0-\bar{K})e^{-\left(\frac{\sqrt{\Delta}-\rho\beta c_B}{2\beta c_B}\right)t} \tag{3.28}$$

$t=0$ 时，$I_{B0}=\frac{2\beta b_B+(\beta c_B(2\delta+\rho)-\sqrt{\Delta})K_0}{2\beta c_B}$，$p_0=\frac{\alpha+\beta w+\gamma K_0}{2\beta}$；$t\to\infty$时，$\bar{I}_B=\frac{2\beta b_B+(\beta c_B(2\delta+\rho)-\sqrt{\Delta})\bar{K}}{2\beta c_B}$，$\bar{p}=\frac{\alpha+\beta w+\overline{\gamma K}}{2\beta}$，定理3.3得证。

由定理3.2和定理3.3可以得到以下性质。

性质3.2 要使得 $K(t)$、$I_B(t)$ 和 $p(t)$ 分别收敛至最优稳态水平 $\bar{K}$、$\bar{I}_B$ 和 $\bar{p}$，则要求 $\sqrt{\Delta}-\rho\beta c_B>0$；假设同时满足限定条件 $2\beta c_B^2(\rho+\delta)$

$-c_A(\rho\beta c_B+\sqrt{\Delta})\leqslant 0$ 和 $c_B\gamma^2-\delta c_A(\beta c_B\rho+\sqrt{\Delta})\leqslant 0$，当 $w\in\left(0,\min\left\{\frac{c_A(\rho\beta c_B\sqrt{\Delta})(\gamma\alpha+2\gamma\beta)}{\gamma\beta(c_A(\rho\beta c_B+\sqrt{\Delta})-2\beta c_B^2(\rho+\delta))},\frac{\delta c_A(\rho\beta c_B\sqrt{\Delta})(\gamma\alpha+2\gamma\beta)}{\gamma\beta(\delta c_A(\beta c_B\rho+\sqrt{\Delta})-c_B\gamma^2)}\right\}\right)$时，恒有 $\bar{K}>0$，$\bar{I}_B>0$，$\bar{p}>0$，即符合经济含义。

证明：（1）由于 $g>0$，因此，要使得 $\bar{K}=\frac{2\beta(c_BI_A^*+b_B)}{\sqrt{\Delta}-\rho\beta c_B}\geqslant 0$，只需满足 $c_BI_A^*+b_B\geqslant 0$，即：

$$\frac{\gamma\beta c_B^2}{c_A(\rho\beta c_B+\sqrt{\Delta})}w+\frac{\gamma\beta c_B\{c_B(\beta c_B(2\delta+\rho)-\sqrt{\Delta})-c_A(\beta c_B\rho+\sqrt{\Delta})\}w}{c_A(\rho\beta c_B+\sqrt{\Delta})^2}+\frac{c_Ac_B(\rho\beta c_B+\sqrt{\Delta})(\gamma\alpha+2\lambda\beta)}{c_A(\rho\beta c_B+\sqrt{\Delta})^2}\geqslant 0 \quad (3.29)$$

不等式（3.29）化简可得：

$$\frac{\gamma\beta(2\beta c_B{}^2(\rho+\delta)-c_A(\rho\beta c_B+\sqrt{\Delta}))}{c_A(\rho\beta c_B+\sqrt{\Delta})^2}w+\frac{\gamma\alpha+2\lambda\beta}{\rho\beta c_B+\sqrt{\Delta}}\geqslant 0 \quad (3.30)$$

由式（3.30）可知，如果 $2\beta c_B^2(\rho+\delta)-c_A(\rho\beta c_B+\sqrt{\Delta})\geqslant 0$，解不等式得：$w\geqslant -\frac{c_A(\rho\beta c_B+\sqrt{\Delta})(\gamma\alpha+2\lambda\beta)}{\gamma\beta(2\beta c_B^2(\rho+\delta)-c_A(\rho\beta c_B+\sqrt{\Delta}))}$。

又因为 $w\geqslant 0$，所以 $2(\rho+\delta)\beta c_B^2-c_A(\rho\beta c_B+\sqrt{\Delta})\geqslant 0$ 的情形意义不大；如果 $2(\rho+\delta)\beta c_B^2-c_A(\rho\beta c_B+\sqrt{\Delta})\leqslant 0$，解不等式得 $0\leqslant w\leqslant\frac{c_A(\rho\beta c_B+\sqrt{\Delta})(\gamma\alpha+2\lambda\beta)}{\gamma\beta(c_A(\rho\beta c_B+\sqrt{\Delta})-2\beta c_B^2(\rho+\delta))}$。综上所述，假设 $2\beta c_B^2(\rho+\delta)-c_A(\rho\beta c_B+\sqrt{\Delta})\leqslant 0$，且满足 $0\leqslant w\leqslant\frac{c_A(\rho\beta c_B+\sqrt{\Delta})(\gamma\alpha+2\lambda\beta)}{\gamma\beta(c_A(\rho\beta c_B+\sqrt{\Delta})-2\beta c_B^2(\rho+\delta))}$，才能使得 $\bar{K}\geqslant 0$。

（2）要使得 $\bar{x}_B=\frac{2\beta b_B+(\beta c_B(2\delta+\rho)-\sqrt{\Delta})\bar{K}}{2\beta c_B}\geqslant 0$，只需满足：

$$2\beta b_B+(\beta c_B(2\delta+\rho)-\sqrt{\Delta})\bar{K}\geqslant 0 \quad (3.31)$$

将 I_A^*、b_B 和 $\bar{K}$ 表达式代入不等式（3.31），化简可得：

$$\frac{\gamma\beta(c_B\gamma^2-\delta c_A(\beta c_B\rho+\sqrt{\Delta}))}{c_A(\rho\beta c_B+\sqrt{\Delta})^2}w+\frac{\delta(\gamma\alpha+2\lambda\beta)}{\rho\beta c_B+\sqrt{\Delta}}\geqslant 0 \tag{3.32}$$

同理，假设 $c_B\gamma^2-\delta c_A(\beta c_B\rho+\sqrt{\Delta})\leqslant 0$，且满足 $0\leqslant w\leqslant \frac{\delta c_A(\rho\beta c_B+\sqrt{\Delta})(\gamma\alpha+2\lambda\beta)}{\gamma\beta(\delta c_A(\beta c_B\rho+\sqrt{\Delta})-c_B\gamma^2)}$，才能使得 $\bar{I}_B\geqslant 0$。

由定理 3.2 和定理 3.3 可知，天然气基础设施存量、进口国 B 的天然气基础设施投入及其天然气销售价格在收敛至各自最优稳态的路径上拥有相同的收敛速度；它们的动态路径变化趋势主要取决于天然气基础设施存量的初始水平与最优稳态水平之间的差距，即前者小于后者时，它们均随时间以递增趋势收敛至各自的最优稳态水平；反之，则随时间以递减趋势收敛至各自的最优稳态水平。此外，从定理 3.2 和定理 3.3 还可以发现，它们的最优稳态水平均与进口国的供应安全意识有关，但与基础设施基准量无关，具体情形可见下一节的数值分析。

定理 3.4 出口国 A 与进口国 B 获得的最优总效用分别为：

$$V^A=\frac{w(\alpha-\beta w+\gamma\bar{K})-c_A(I_A^*)^2}{2\rho}+\frac{\gamma w(K_0-\bar{K})}{2(\rho+g)} \tag{3.33}$$

$$\begin{aligned}V^B=&\frac{(\alpha+\beta w-2\beta\bar{p}+\gamma\bar{K})(p_0-\bar{p})+(\lambda-\gamma w+\gamma\bar{p})(K_0-\bar{K})-c_B\bar{I}_B(I_{B0}-\bar{I}_B)}{\rho+g}\\&+\frac{2(\gamma(K_0-\bar{K})-\beta)(p_0-\bar{p})-c_B(I_{B0}-\bar{I}_B)}{2\rho+4g}\\&+\frac{2(\alpha+\beta w+\gamma\bar{K})\bar{p}-2\beta\bar{p}^2-c_B\bar{I}_B^2+2\lambda(\bar{K}-K_L)-2w(\alpha+\gamma\bar{K})}{2\rho}\end{aligned} \tag{3.34}$$

证明： 将式（3.8）、式（3.22）和式（3.26）代入式（3.3）可得：

$$V^A=\int_0^{\infty}e^{-\rho t}\left\{w\left(\begin{aligned}&\alpha-\beta\left(\frac{\alpha+\beta w+\gamma\bar{K}}{2\beta}+\frac{\gamma}{2\beta}(K_0-\bar{K})e^{-gt}\right)\\&+\gamma((K_0-\bar{K})e^{-gt}+\bar{K})\end{aligned}\right)-\frac{c_A}{2}(I_A^*)^2\right\}\mathrm{d}t$$

$$=\int_0^{\infty}\left\{\frac{w(\alpha-\beta w+\gamma\bar{K})}{2}e^{-\rho t}-\frac{c_A(I_A^*)^2}{2}e^{-\rho t}+\frac{\gamma w}{2}(K_0-\bar{K})e^{-(\rho+g)t}\right\}\mathrm{d}t$$

$$= \frac{w(\alpha - \beta w + \gamma \bar{K}) - c_A\ (I_A^*)^2}{2\rho} + \frac{\gamma w(K_0 - \bar{K})}{2(\rho + g)} \tag{3.35}$$

再将式（3.22）、式（3.25）和式（3.26）代入式（3.5）可得：

$$V^B = \int_0^\infty e^{-\rho t}\left\{(p(t) - w)(\alpha - \beta p(t) + \gamma K(t)) - \frac{c_B}{2}I_B^2(t) + \lambda(K(t) - K_L)\right\}dt$$

$$= \int_0^\infty e^{-\rho t}\left\{\begin{aligned}&(\alpha + \beta w)p(t) - \beta p^2(t) + (\lambda - \gamma w)K(t) + \gamma p(t)K(t)\\&- \frac{c_B}{2}I_B^2(t) - \lambda K_L - \alpha w\end{aligned}\right\}dt$$

$$= \int_0^\infty e^{-\rho t}\left\{\begin{aligned}&(\alpha + \beta w)(\bar{p} + (p_0 - \bar{p})e^{-gt}) - \beta\begin{pmatrix}\bar{p}^2 + 2\bar{p}(p_0 - \bar{p})e^{-gt}\\+ (p_0 - \bar{p})e^{-2gt}\end{pmatrix}\\&+ (\lambda - \gamma w)(\bar{K} + (K_0 - \bar{K})e^{-gt})\\&+ \gamma\begin{pmatrix}\bar{K}\bar{p} + \bar{K}(p_0 - \bar{p})e^{-gt} + \bar{p}(K_0 - \bar{K})e^{-gt}\\+ (K_0 - \bar{K})(p_0 - \bar{p})e^{-2gt}\end{pmatrix}\\&- \frac{c_B}{2}(\bar{I}_B^2 + 2\bar{I}_B(I_{B0} - \bar{I}_B)e^{-gt} + (I_{B0} - \bar{I}_B)e^{-2gt}) - \lambda K_L - \alpha w\end{aligned}\right\}dt$$

$$= \int_0^\infty e^{-\rho t}\left\{\begin{aligned}&\begin{pmatrix}(\alpha + \beta w - 2\beta\bar{p} + \gamma\bar{K})(p_0 - \bar{p}) + (\lambda - \gamma w + \gamma\bar{p})(K_0 - \bar{K})\\- c_B\bar{I}_B(I_{B0} - \bar{I}_B)\end{pmatrix}e^{-gt}\\&+ \left((\gamma(K_0 - \bar{K}) - \beta)(p_0 - \bar{p}) - \frac{c_B}{2}(I_{B0} - \bar{I}_B)\right)e^{-2gt}\\&+ (\alpha + \beta w + \gamma\bar{K})\bar{p} - \beta\bar{p}^2 - \frac{c_B}{2}\bar{I}_B^2 + \lambda(\bar{K} - K_L) - w(\alpha + \gamma\bar{K})\end{aligned}\right\}dt$$

$$\begin{aligned}&= \frac{(\alpha + \beta w - 2\beta\bar{p} + \gamma\bar{K})(p_0 - \bar{p}) + (\lambda - \gamma w + \gamma\bar{p})(K_0 - \bar{K}) - c_B\bar{I}_B(I_{B0} - \bar{I}_B)}{\rho + g}\\&+ \frac{2(\gamma(K_0 - \bar{K}) - \beta)(p_0 - \bar{p}) - c_B(I_{B0} - \bar{I}_B)}{2\rho + 4g}\\&+ \frac{2(\alpha + \beta w + \gamma\bar{K})\bar{p} - 2\beta\bar{p}^2 - c_B\bar{I}_B^2 + 2\lambda(\bar{K} - K_L) - 2w(\alpha + \gamma\bar{K})}{2\rho}\end{aligned} \tag{3.36}$$

定理3.4得证。

由定理3.4可知，进口国B的供应安全意识不仅影响到自身的总效用，它还对出口国A的总效用产生影响，而基础设施基准量却仅对进口国B的总效用产生影响。显然，天然气基础设施基准量越高，进口国B的总效用越小。其原因是制定的标准越高，实质上相当于原有的水平在下降，那么效用越小也就不难理解了。

由于全球的天然气储量和需求量分布不均匀，使得国际天然气市场接近于寡头垄断结构。在某些天然气资源贫乏且需求量大、需求弹性很小的地区，天然气贸易往往以签订长约的方式为主，出口国在价格谈判中通常具有较强的决定权，而进口国在一定程度上只是价格的接受者（Yang & Zhang，2016）。由式（3.33）可以看出，出口国A的总效用 V^A 是一个关于天然气出口价格 w 的函数，关于天然气出口价格的相关性质如定理3.5所述。

定理3.5 出口国A的总效用 V^A 关于天然气出口价格 w 的表达式为：

$$V^A = Ew^2 + Fw \tag{3.37}$$

其中，$E<0$ 和 $F>0$ 均为各参数的表达式。出口国A将选择一个最优天然气出口价格 $w^* = -\frac{F}{2E}$，使得自身获得的效用 V^A 达到最大。

证明： 令 $I_A^* = \eta w$，$b_B = \varepsilon_1 w + \varepsilon_2$。其中，$\varepsilon_1 = \frac{\gamma\beta c_B\{c_B(\beta c_B(2\delta+\rho)-\sqrt{\Delta})-c_A(\beta c_B\rho+\sqrt{\Delta})\}}{c_A(\rho\beta c_B+\sqrt{\Delta})^2}$，$\eta = \frac{\gamma\beta c_B}{c_A(\rho\beta c_B+\sqrt{\Delta})}>0$，$\varepsilon_2 = \frac{c_B(\gamma\alpha+2\lambda\beta)}{\rho\beta c_B+\sqrt{\Delta}}>0$。那么，$\overline{K} = \frac{2\beta((c_B\eta+\varepsilon_1)w+\varepsilon_2)}{\sqrt{\Delta}-\rho\beta c_B}$。

将以上 I_A^*、b_B 和 $\overline{K}$ 的表达式代入式（3.33）化简可得：

$$\begin{aligned}
V^A &= \frac{w(\alpha-\beta w+\gamma\overline{K})-c_A(I_A^*)^2}{2\rho}+\frac{\gamma(K_0-\overline{K})}{2(\rho+g)}w \\
&= \left\{\frac{-(\beta+c_A\eta^2)}{2\rho}+\frac{\gamma\beta g(c_B\eta+\varepsilon_1)}{\rho(\rho+g)(\sqrt{\Delta}-\rho\beta c_B)}\right\}w^2 \\
&\quad+\left\{\frac{\alpha(\rho+g)+\rho\gamma K_0}{2\rho(\rho+g)}+\frac{\gamma g\beta\varepsilon_2}{\rho(\rho+g)(\sqrt{\Delta}-\rho\beta c_B)}\right\}w \\
&= Ew^2+Fw
\end{aligned} \tag{3.38}$$

其中，$E=\frac{-(\beta+c_A\eta^2)}{2\rho}+\frac{\gamma\beta g(c_B\eta+\varepsilon_1)}{\rho(\rho+g)(\sqrt{\Delta}-\rho\beta c_B)}$，$F=\frac{\alpha(\rho+g)+\rho\gamma K_0}{2\rho(\rho+g)}+\frac{\gamma g\beta\varepsilon_2}{\rho(\rho+g)(\sqrt{\Delta}-\rho\beta c_B)}>0$。根据性质3.2中的假设条件$2(\rho+\delta)\beta c_B^2-c_A(\rho\beta c_B+\sqrt{\Delta})\leqslant 0$可推导出$c_B\eta+\varepsilon_1\leqslant 0$，因此，有$E<0$，定理3.5得证。

由定理3.5可知，出口国A的总效用与天然气出口价格之间呈倒“U”型关系。出口国A作为天然气出口价格的制定者，从无限时域内获得的总效用角度出发，必将制定一个最优天然气出口价格使其总效用达到最大。

3.4 数值分析

本节运用Matlab作为计算工具对上一节各式进行求解，针对天然气供应安全意识λ、天然气需求基础设施弹性γ以及天然气基础设施基准量K_L等因素变化对进出口两国最优策略与效用带来的影响进行分析，以期获得有益的结论为天然气相关部门提供决策参考。为了满足性质3.1和性质3.2中相关参数的限定条件，数值分析中的基准参数取值为$\alpha=10$，$\beta=1$，$\gamma=0.1$，$c_A=c_B=1$，$\delta=0.1$，$\rho=0.1$，$\lambda=0.6$，$K_L=25$。此外，定理3.2和定理3.3表明，当天然气基础设施存量的初始水平小于（大于）最优稳态水平时，进口国B的最优策略路径将随时间递增（递减）至最优稳态水平。鉴于我国作为天然气进口大国，至今仍存在天然气基础设施存量不足的现状，本章仅考虑天然气基础设施存量的初始水平低于最优稳态水平的情形，即$K_0=10$。

3.4.1 最优天然气出口价格分析

由定理3.5可知，出口国A将制定一个最优天然气出口价格，使得其总效用达到最大。那么，随着供应安全意识与需求基础设施弹性的变化，最优天然气出口价格又该如何变化呢？图3.2不仅展现了出口国A的总效用随天然气出口价格的变化情况，还展现了天然气出口价格随供应安全意识、需求基础设施弹性的变化情况。

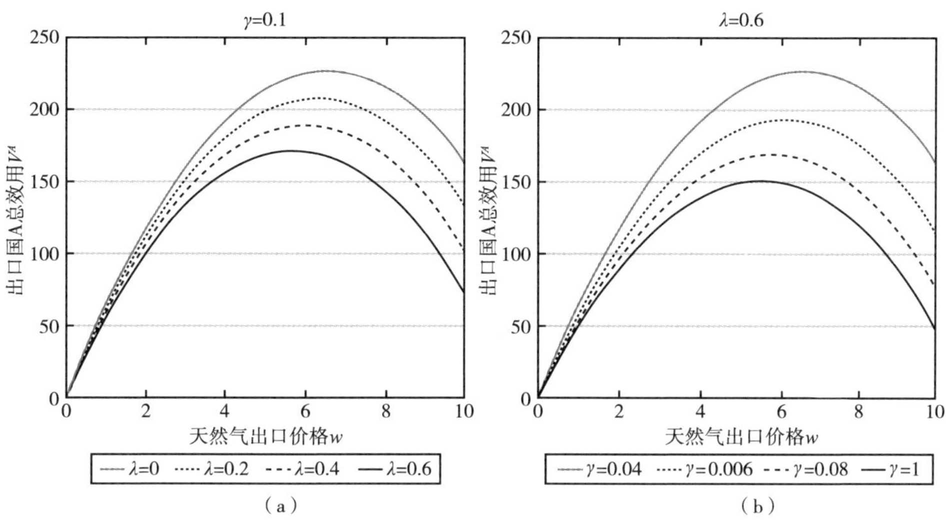

图 3.2　参数 λ、γ 和 w 对总效用 V^A 的影响

由图 3.2 可见，出口国 A 的总效用与天然气出口价格之间呈倒“U”型关系，即存在一个最优天然气出口价格 w^*，使得出口国 A 的总效用 V^A 达到最大。这是因为天然气出口价格上升，虽然使得其收益增加，但同时也增加了基础设施建设成本，当出口价格较低时，其收益增量大于成本增量，而当出口价格较高时，其收益增量小于成本增量。此外，从图 3.2 中还可以看出，在任意天然气出口价格下，随着供应安全意识、需求基础设施弹性的增加，出口国 A 的总效用均随之增加。那么，出口国 A 制定的最优天然气出口价格 w^* 又将随供应安全意识、需求基础设施弹性如何变化呢？具体变化情况见表 3.1 和表 3.2。

表 3.1　　$\gamma=0.1$ 时，参数 λ 对 w^* 的影响

供应安全意识	λ	0	0.2	0.4	0.6
最优天然气出口价格	w^*	5.68	5.97	6.25	6.53

表 3.2　　$\lambda=0.6$ 时，参数 γ 对 w^* 的影响

需求基础设施弹性	γ	0.04	0.06	0.08	0.1
最优天然气出口价格	w^*	5.46	5.74	6.09	6.53

由表3.1和表3.2可知，随着供应安全意识、需求基础设施弹性的增加，最优天然气出口价格 w^* 也将随之上升。那么随着供应安全意识、需求基础设施弹性的变化，两国最优策略的稳态值及其总效用又将如何变化呢？接下来我们将利用表3.1和表3.2所示的结果，对其进行研究。

3.4.2 两国最优稳态策略与总效用的分析

将表3.1和表3.2所示的不同供应安全意识、需求基础设施弹性下的最优天然气出口价格代入定理3.1~定理3.5的各式中，可得到关于两国最优策略的稳态值及其总效用，具体见表3.3和表3.4。

表3.3　　$\gamma=0.1$ 时，参数 λ 对两国最优策略与总效用的影响

供应安全意识	λ	0	0.2	0.4	0.6
出口国A最优基础设施投入	I_A^*	1.56	1.64	1.71	1.79
进口国B稳态基础设施投入	$\bar{I}_B$	1.96	3.22	4.49	5.75
稳态天然气销售价格	$\bar{p}$	9.60	10.42	11.23	12.04
稳态天然气基础设施存量	$\bar{K}$	35.17	48.60	62.02	75.45
出口国A的总效用	V^A	171.22	188.75	207.13	226.37

表3.4　　$\lambda=0.6$ 时，参数 γ 对两国最优策略与总效用的影响

需求基础设施弹性	γ	0.04	0.06	0.08	0.1
出口国A最优基础设施投入	I_A^*	0.55	0.89	1.29	1.79
进口国B稳态基础设施投入	$\bar{I}_B$	3.62	4.09	4.75	5.75
稳态天然气销售价格	$\bar{p}$	8.56	9.36	10.46	12.04
稳态天然气基础设施存量	$\bar{K}$	41.74	49.75	60.37	75.45
出口国A的总效用	V^A	150.43	168.68	192.87	226.37
进口国B的总效用	V^B	21.40	48.22	88.80	159.42

从表3.3和表3.4可以看出，随着供应安全意识、需求基础设施弹性的增加，最优稳态天然气基础设施存量 $\bar{K}$、出口国A的最优基础设施投入 I_A^* 及其总效用 V^A、进口国B的最优稳态基础设施投入 $\bar{I}_B$ 及其天然气销售价格 $\bar{p}$ 均

随之增加。以上结果表明，供应安全意识或需求基础设施弹性的增加，不仅有助于提高进出口两国对天然气基础设施建设投入的积极性，使得天然气基础设施存量增加，还能提高出口国 A 的总效用。

表 3.3 中并未列出进口国 B 的总效用 V^B 随供应安全意识的变化情况，其原因是：由式（3.34）可知，进口国 B 的总效用 V^B 不仅与自身供应安全意识 λ 有关，还与天然气基础设施基准量 K_L 有关。图 3.3 展现了天然气供应安全意识与其基础设施基准量对进口国 B 总效用的影响。

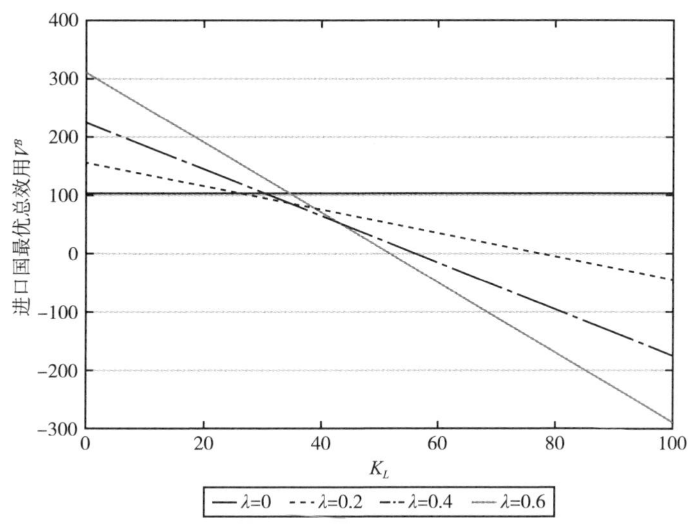

图 3.3　参数 λ 和 K_L 对总效用 V^B 的影响

由图 3.3 可见，在无供应安全意识的情形下，即 $\lambda=0$，进口国 B 的总效用是一条与基础设施基准量无关的水平线。当基础设施基准量较小时，进口国 B 的总效用与供应安全意识呈正向关系，但随着基础设施基准量增加，这种正向关系却逐渐变成了负向关系。该结果表明，如果基础设施基准量非常高，意味着此时的供应安全意识可能产生副作用，使得进口国 B 的总效用开始下降。

3.4.3　两国最优策略与瞬时效用的动态路径分析

虽然前面研究了供应安全意识、需求基础设施弹性的变化对两国最优策略的稳态值及其总效用的影响，并得出了相应的结论。然而，在随时间推移的动态路径上，供应安全意识、需求基础设施弹性的变化，又会对两国最优策略及其瞬时效用产生何种影响呢？为此，本书做出具体说明。图 3.4 和图 3.5 分别展现了在供应安全意识、需求基础设施弹性的变化下，天然气基础设施存量、进口国 B 的天然气基础设施投入及其销售价格的动态变化轨迹。

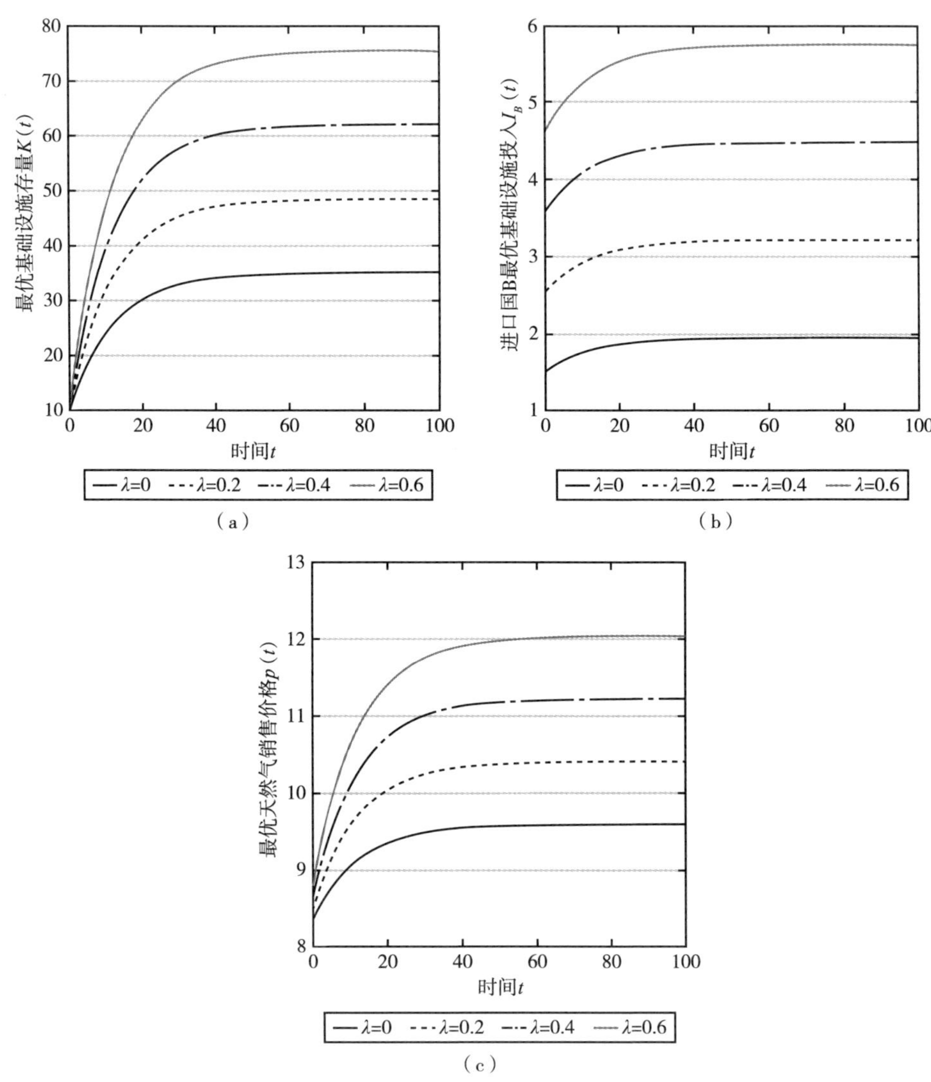

图 3.4 参数 λ 对最优策略 $K(t)$、$I_B(t)$ 和 $p(t)$ 的影响

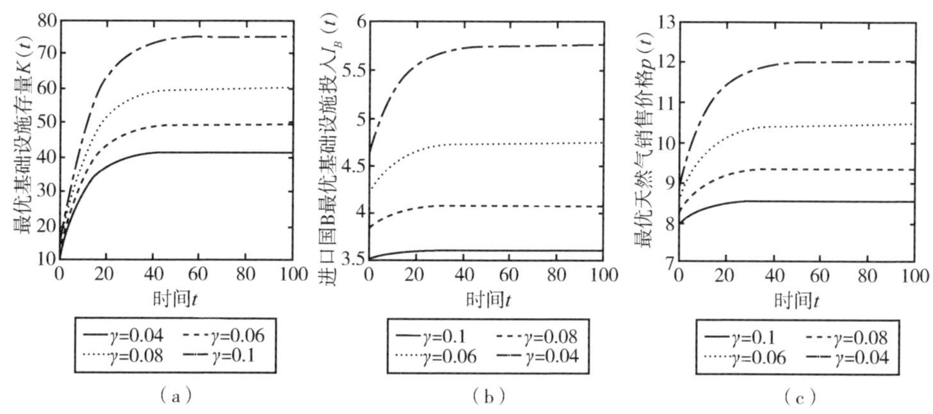

图 3.5　参数 γ 对最优策略 $K(t)$、$I_B(t)$ 和 $p(t)$ 的影响

由图 3.4 和图 3.5 可见，随着供应安全意识、需求基础设施弹性的增加，任意时刻的天然气基础设施存量、进口国 B 的天然气基础设施投入及其销售价格均随之增加；需求基础设施弹性越大，会使得天然气基础设施存量、进口国 B 的天然气基础设施投入及其销售价格的收敛速度越慢。由图 3.4 中的（a）和图 3.5 中的（a）还可以看出，因供应安全意识或需求基础设施弹性变化产生的天然气基础设施增加量，在短期内较小，并随着时间逐渐递增直至稳态水平。这表明，供应安全意识或需求基础设施弹性增加，尽管有助于推动天然气基础设施建设进程，但可能在短期内的效果有限。

图 3.6 中的（a）和（b）展现了在不同程度的供应安全意识下，出口国 A 的瞬时效用的动态变化轨迹。其中，图 3.6 中的（b）为图 3.6 中的（a）在 $t \in [0, 2]$ 上的变化轨迹。

由图 3.6 中的（a）可见，出口国 A 的瞬时效用将随时间呈递增趋势收敛至最优稳态水平；随着供应安全意识增强，出口国 A 的最优稳态效用将随之增加。但由图 3.6 中的（b）可以看出，随着供应安全意识的增强，并非使得出口国 A 的效用在任意时刻递增，而是在短期内可能随之递减。其原因可能是，在短期内，虽然供应安全意识增强，会使得天然气基础设施存量及其出口价格增加，进而使得收益增加，但此时基础设施建设成本的增加速度快于收益，因此，出口国 A 的效用随之递减。结合表 3.3 和图 3.6 的结果表明，供应安全意识增强虽然会使得出口国 A 的总效用增加，但它的瞬时效用却并非如此，因供应安全意识的增强而带给出口国 A 的好处可能在长期下才能凸显出来。

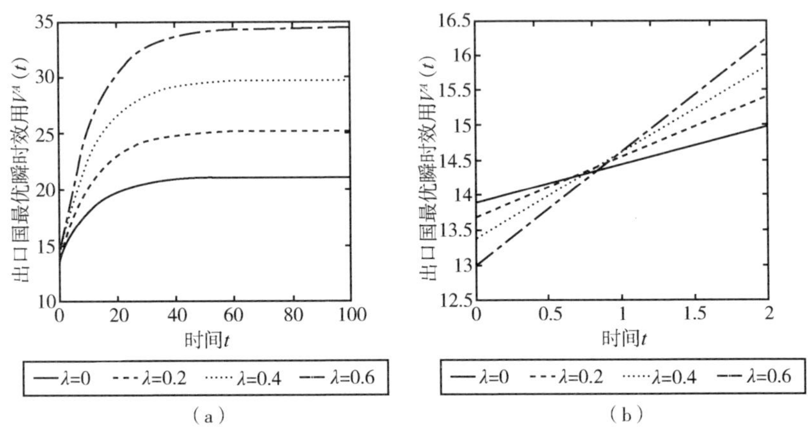

图 3.6　参数 λ 对瞬时效用 $V^A(t)$ 的影响

图 3.7 中的（a）~（c）则分别展现了在基础设施基准量处于低、中、高三种水平，即 $0 \leqslant G_L \leqslant G_0$，$G_0 \leqslant G_L < \overline{G}$，$\overline{G} \leqslant G_L$，以及不同程度的供应安全意识下，进口国 B 瞬时效用的动态变化轨迹。

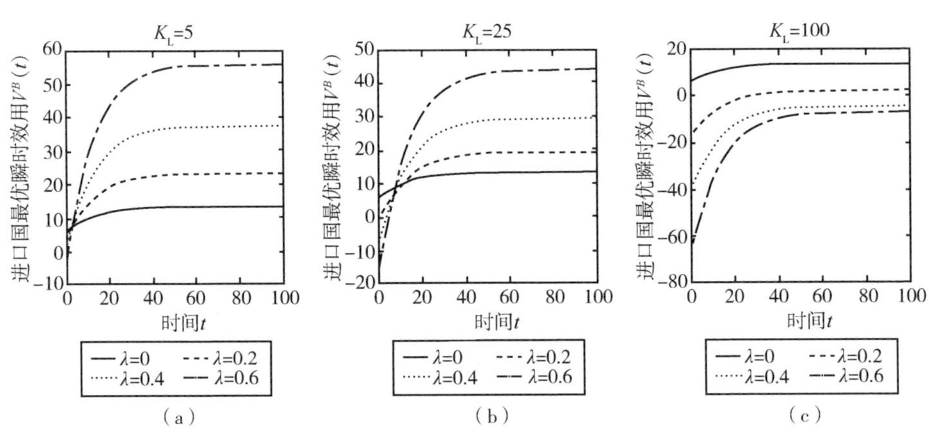

图 3.7　参数 λ 对瞬时效用 V^B（t）的影响

由图 3.7 中的（a）和（b）可见，无论基础设施基准量处于何种水平，进口国 B 的瞬时效用同样会随时间的变化而呈递增趋势收敛至最优稳态水平；随着供应安全意识增强，进口国 B 的最优稳态效用将随之增加，当基础设施基准量处于较低或中等水平时，进口国 B 的瞬时效用可能在短期内随之递减，在长期下则随之递增。其原因可能是，与因供应安全意识变化的天然气基础设施增加量相比，进口国 B 的天然气基础设施投入的增加量在短期内更大，如图 3.4 中的（a）和（b）所示。当基础设施基准量处于较高水平时，进口国 B 的瞬时效用却始终呈递减趋势。以上结果表明，如果基础设施基准量处于较低或中等水平，那么供应安全意识的增强也能给进口国 B 带来好处，这种好处可能在长期下才能凸显出来；如果基础设施基准量处于较高水平，那么这种供应安全意识反而可能产生副作用，使得它的效用下降。

3.5 本章小结

基于某些进口国可能存在因基础设施滞后而导致的天然气供应安全问题，本章提出了兼顾经济利益和供应安全的目标函数，并构建了出口国和进口国之间的动态博弈模型，研究了进口国的天然气供应安全意识、天然气需求基础设施弹性等系数对进出口两国的最优策略及其效用的影响。通过研究，得出以下主要结论。

（1）进口国的最优基础设施投入、最优天然气销售价格均与天然气基础设施存量呈正向关系。进口国的供应安全意识越强或需求基础设施弹性越大，出口国制定的最优天然气出口价格越高。

（2）出口国的总效用与天然气出口价格之间呈倒“U”型关系，供应安全意识与需求基础设施弹性对天然气基础设施建设均具有推动作用，但可能在短期内的效果有限。

（3）从效用的角度来看，进口国的供应安全意识的增强，通常情况下对进出口两国均能够带来一定的好处，然而这种好处可能需要在长期下才能凸显。但是，如果进口国的天然气基础设施基准量过高，其供应安全意识可能会起到副作用，使得进口国的效用下降。

4 进口多元化及替代能源价格影响下的天然气贸易博弈

4.1 概　　述

从第一章的研究背景我们了解到，受地缘政治的影响，全球天然气储存量与需求量的地区分布极不均匀，使得国际天然气市场贸易区域的垄断性较强，从而导致进口国很可能从某个出口国所进口的天然气量占本国进口总量的比例过高。此时，若该出口国的天然气出口价格暴涨或发生天然气供应中断，这将使进口国的天然气供应安全面临威胁，致使其蒙受巨大损失。例如，在2009年初的俄乌“斗气”事件期间，欧盟国家将近1/4的天然气需求由俄罗斯出口供应，而其中80%的天然气必须途经乌克兰。俄乌“斗气”事件引起的“断气”对欧盟18个国家的天然气供应造成直接影响，尤其是对保加利亚、克罗地亚和马其顿等国家的冲击则非常大，这是由于这些国家对俄罗斯天然气的依赖程度非常高，并且又缺乏其他进口渠道。但相比之下，法国、意大利、德国等进口大国在拥有较大的天然气储备量的同时，还实施天然气进口来源多元化策略。在俄罗斯向法国供气减少70%，向意大利供气减少90%，向德国供气量有所减少的情况下，这三个国家的天然气供应安全并未受到较大的冲击，反而还给相邻国家提供了“救急气”（陆家亮，2010）。鉴于此，为了保障天然气供应安全，许多学者提出“进口气源多元化”策略，要求进口国从某一个或少数几个国家进口的天然气量比例不能过高（Abada，2011；邹莉娜，2017）。

通常，造成进口国天然气供需不足的另一个重要因素在于天然气与其他原油比价关系的不合理。例如，2014 年我国天然气的历史价格水平较低，加之当时原油等能源的价格快速大幅上涨，国产陆上天然气出厂基准价格仅相当于等热值原油价格的 1/3 左右。多位业内人士认为，天然气与其他可替代能源比价关系的不合理，会造成价格信号扭曲，导致各地区纷纷进行油改气，争相进行以天然气为原料和燃料的高耗能化工项目，加剧了天然气供需矛盾。由此可见，天然气进口多元化与原油价格上涨均对天然气供需关系产生重要影响。

在已有的研究中，关于“天然气进口多元化”的研究主要偏向于定性分析，而关于天然气价格与替代能源价格之间关系的研究主要借助于协整检验、误差修正等计量方法进行，综合以上两种因素并以天然气贸易博弈的角度对进出口国最优策略产生影响的研究较少。鉴于此，本章以考虑天然气进口多元化与替代能源价格对天然气供需产生影响为背景，构建了天然气进出口两国之间关于合作与非合作的动态博弈模型，利用最优控制理论和微分对策理论对模型进行求解（Sethi，2000；Dockner，2000），分析了两国在不同博弈情形下最优策略的相关性质，通过比较天然气销售价格、消费者剩余以及两国联合效用在两种博弈情形下的最优路径，揭示其中蕴含的经济含义。

4.2 模型描述及相关假设

4.2.1 天然气与替代能源价格的联动约束方程

目前，东亚（日本、韩国、中国大陆、中国台湾）的 LNG 贸易定价体系源自日本，即通过设定日本原油综合指数（JCC）封顶价格和封底价格的方式来进行天然气定价。同时，天然气与原油互为替代能源，其价格变化趋势往往与原油价格变化呈现出显著的趋同性。由此可见，我国仍处于天然气价格与以原油为代表的替代能源价格之间存在联动关系的定价体系中，为了反映天然气与替代能源价格之间的联动关系，本章假设天然气销售价格与基于热值转换的替代能源价格之间的动态约束方程为（Sorger，1988；Kopalle，1996）：

$$\dot{R}(t)=\lambda(p(t)-R(t)),R(0)=R_0\geqslant 0 \tag{4.1}$$

其中，$p(t)$ 表示进口国 A 在 t 时刻的天然气销售价格，$R(t)$ 表示 t 时刻的替代能源价格，R_0 表示初始替代能源价格。$\lambda\geqslant 0$ 为常系数，表示替代能源价格的调整速度。简单来说，就是过去天然气销售价格对当前替代能源价格的影响程度。

4.2.2 进口国的天然气需求函数

《天然气发展“十二五”规划》中提出，要建立反映资源稀缺程度和市场供需变化的天然气价格形成机制，加快理顺天然气与可替代能源的比价关系，充分发挥价格在调节供需关系中的杠杆作用。鉴于此，在能源消费竞争市场中，替代能源价格也将对天然气市场需求带来一定影响，即消费者在消费天然气时，还需参考并比较天然气与替代能源之间的价格。通常情况下，如果油气市场的进口多元化程度越高，那么进口国 A 对出口国 B 油气的依赖程度越低，从而导致对该国家的油气需求量越少（邹莉娜，2017），例如，波罗的海天然气输送管道连接的两端是挪威和波兰，中间还途经丹麦。挪威油气资源丰富，根据俄罗斯卫星通讯社的报道，挪威是全球第七大石油生产国和仅次于沙特阿拉伯和俄罗斯的全球第三大石油出口国。波兰一直希望能够减少对俄罗斯石油的依赖，明确表示 2022 年与俄罗斯的合同到期后不会续签。因此，本章假设进口国 A 对出口国 B 的天然气需求函数为（Greenleaf，1995；Kopalle，1996；Fibich，2003，2007）：

$$Q(t)=\alpha-\varepsilon-\beta p(t)-\gamma(p(t)-R(t)) \tag{4.2}$$

其中，$Q(t)$ 表示进口国 A 在 t 时刻对出口国 B 的天然气需求量，$\alpha>0$ 表示进口国 A 的潜在天然气需求量，$\varepsilon>0$ 表示天然气进口多元化导致进口国 A 对出口国 B 天然气需求量的减少。ε 越大，表示进口多元化程度越高。可将式（4.2）改写为 $Q(t)=\alpha-\varepsilon-(\beta+\gamma)p(t)+\gamma R(t)$ 的形式，因此，$\gamma>0$ 可用于反映进口国天然气需求价格交叉弹性，一般来说，天然气与替代能源之间的功能替代性越强，需求交叉弹性系数的值就越大。$\beta+\gamma>0$ 可用于反映进口国天然气需求价格弹性。由式（4.2）可见，当 $p(t)<R(t)$ 时，消费者会选择增加天然气需求量；而当 $p(t)>R(t)$ 时，消费者会选择减少天然气需求量。另外，由于 $R(t)\geqslant 0$，为了满足条件 $Q(t)>0$，本章还假设 $0<\varepsilon<\alpha-c(\beta+\gamma)$，表示当天然气销售价格等于其单位成本，即 $p(t)=c$ 时，ε 的取值范围。

4.2.3 目标函数

进口国 A 和出口国 B 为了追求各自利益最大化，其效用目标函数分别表示为：

$$V^A=\int_0^{\infty}e^{-\rho t}\{(p(t)-w(t))(\alpha-\varepsilon-\beta p(t)-\gamma(p(t)-R(t)))\}\mathrm{d}t \tag{4.3}$$

$$V^B=\int_0^{\infty}e^{-\rho t}\{(w(t)-c)(\alpha-\varepsilon-\beta p(t)-\gamma(p(t)-R(t)))\}\mathrm{d}t \tag{4.4}$$

其中，ρ 表示贴现率，$w(t)$ 表示 t 时刻的天然气出口价格，c 表示出口国 B 进行天然气出口所耗费的单位成本（包括天然气开采和运输等）。为了使模型简化，本章假设 c 是一个与时间 t 无关的常数。

因此，结合式（4.1）~式（4.4）组成的动态关系式，考虑天然气价格与替代能源价格之间的联动关系，出口国与进口国的动态优化问题为：

$$\max_{p(t)}\int_0^{\infty} e^{-\rho t}\{(p(t)-w(t))(\alpha-\varepsilon-\beta p(t)-\gamma(p(t)-R(t)))\}\mathrm{d}t$$

$$\max_{w(t)}\int_0^{\infty} e^{-\rho t}\{(w(t)-c)(\alpha-\varepsilon-\beta p(t)-\gamma(p(t)-R(t)))\}\mathrm{d}t$$

$$\text{s.t}\ \dot{R}(t)=\lambda(p(t)-R(t)),R(0)=R_0\geqslant 0 \tag{4.5}$$

由式（4.5）可知，进出口两国的最优化问题实质上也是一个双方微分博弈问题。天然气销售价 $p(t)$、天然气出口价格 $w(t)$ 分别为出口国与进口国的决策变量，替代能源价格 $R(t)$ 为两国共同的状态变量。通过对以上模型的描述，本章在下一节将针对两国在非合作与合作两种情形下的动态微分博弈问题进行求解与分析。

4.3 模型求解与分析

4.3.1 非合作博弈

欧洲一直是俄罗斯天然气最重要的出口市场。根据俄罗斯天然气工业股份公司的数据，2017 年，俄罗斯向德国出口天然气 534 亿立方米，对奥地利、捷克、斯洛伐克、荷兰和丹麦的供气份额也出现不同程度的增长，其中，对奥地利供气增幅达 40%。在 2018 年初，俄罗斯天然气工业股份公司发布数据称，2017 年该公司向非独联体国家供气 1939 亿立方米，比 2016 年同期上升 8.1%，刷新了历史纪录。可见，俄罗斯在欧洲天然气市场一直占据着主导地位。因此，本章在研究进出口两国的非合作博弈时，只考虑出口国为主导者、进口国为跟随者的情形。在非合作博弈情形下，双方将选择各自的最优策略，以实现自身效用最大化。下面我们求得了由式（4.5）组成的两国在非合作博弈情形下的反馈均衡解，相关性质见以下定理 4.1 ~ 定理 4.3。

定理 4.1 在非合作博弈情形下，天然气销售价格、天然气出口价格与替代能源价格的动态关系分别为①：

$$p^N(t)=\frac{2(3(\alpha-\varepsilon)+c(\beta+\gamma))+3\lambda M_2+3(2\gamma+\lambda M_1)R^N(t)}{8(\beta+\gamma)} \quad (4.6)$$

$$w^N(t)=\frac{2(\alpha-\varepsilon+c(\beta+\gamma))+\lambda M_2+(2\gamma+\lambda M_1)R^N(t)}{4(\beta+\gamma)} \quad (4.7)$$

其中，$M_1=\frac{2\Delta-2\sqrt{\Delta^2-9\gamma^2\lambda^2}}{9\lambda^2}$，$M_2=\frac{2(\alpha-\varepsilon)(2\gamma+5M_1\lambda)-2c(\beta+\gamma)(2\gamma-3M_1\lambda)}{3\lambda(2\gamma-3M_1\lambda)+16(\gamma\rho+\beta(\lambda+\rho))}$，

$\Delta=4\beta(2\lambda+\rho)+\gamma(3\lambda+4\rho)$。

证明：满足式（4.5）的 HJB 方程分别为：

$$\rho J^A(R)=\max_{p(t)}\{(p(t)-w(t))(\alpha-\varepsilon-\beta p(t)-\gamma(p(t)-R(t))) \\ +J_R^A\lambda(p(t)-R(t))\} \quad (4.8)$$

$$\rho J^B(R)=\max_{w(t)}\{(w(t)-c)(\alpha-\varepsilon-\beta p(t)-\gamma(p(t)-R(t))) \\ +J_R^B\lambda(p(t)-R(t))\} \quad (4.9)$$

运用逆向归纳法求解，由式（4.8）的最大化一阶偏导数条件可得：

$$p(t)=\frac{w(t)}{2}+\frac{\alpha-\varepsilon+\gamma R(t)+\lambda J_R^A}{2(\beta+\gamma)} \quad (4.10)$$

将式（4.10）代入式（4.9），再由式（4.9）的最大化一阶偏导数条件可得：

$$w(t)=\frac{\alpha-\varepsilon+\gamma R(t)+c(\beta+\gamma)+\lambda(J_R^B-J_R^A)}{2(\beta+\gamma)} \quad (4.11)$$

将式（4.11）代入式（4.10）可得：

$$p(t)=\frac{3((\alpha-\varepsilon)+\gamma R(t))+c(\beta+\gamma)+\lambda(J_R^A+J_R^B)}{4(\beta+\gamma)} \quad (4.12)$$

由于式（4.8）、式（4.9）满足 LQ 结构形式，因此，可猜测它们的值函数形式分别为：

① 上标“N”表示非合作博弈情形下的变量。

$$J^A(R) = \frac{N_1}{2}R^2(t) + N_2R(t) + N_3 \tag{4.13}$$

$$J^B(R) = \frac{M_1}{2}R^2(t) + M_2R(t) + M_3 \tag{4.14}$$

其中，N_1、N_2、N_3、M_1、M_2 和 M_3 均为待定的系数。式（4.11）和式（4.12）可分别改写为：

$$\begin{cases} w(t) = \dfrac{\alpha - \varepsilon + \gamma R(t) + c(\beta + \gamma) + \lambda(M_1R(t) + M_2 - N_1R(t) - N_2)}{2(\beta + \gamma)} \\ p(t) = \dfrac{3((\alpha - \varepsilon) + \gamma R(t)) + c(\beta + \gamma) + \lambda(M_1R(t) + M_2 + N_1R(t) + N_2)}{4(\beta + \gamma)} \end{cases} \tag{4.15}$$

将式（4.15）代入式（4.8）、式（4.9）中，再结合式（4.13）、式（4.14）可得一个关于系数 N_1、N_2、N_3、M_1、M_2 和 M_3 的六元方程组，解得：

$$\begin{cases} N_1 = \dfrac{M_1}{2} \\ N_2 = \dfrac{M_2}{2} \\ N_3 = \dfrac{M_3}{2} \\ M_1 = \dfrac{8\beta(2\lambda + \rho) + 2\gamma(3\lambda + 4\rho) \pm 2\sqrt{(4\beta(2\lambda + \rho) + \gamma(3\lambda + 4\rho))^2 - 9\gamma^2\lambda^2}}{9\lambda^2} \\ M_2 = \dfrac{2(\alpha - \varepsilon)(2\gamma + 5M_1\lambda) - 2c(\beta + \gamma)(2\gamma - 3M_1\lambda)}{3\lambda(2\gamma - 3M_1\lambda) + 16(\gamma\rho + \beta(\lambda + \rho))} \\ M_3 = \dfrac{4(\alpha - \varepsilon - c(\beta + \gamma))^2 + M_2\lambda(12c(\beta + \gamma) + 9M_2\lambda + 20(\alpha - \varepsilon))}{32(\beta + \gamma)\rho} \end{cases} \tag{4.16}$$

由式（4.16）可见，M_1 虽然存在两个为正的实根，但是由于要满足定理 4.2 中式（4.17）~式（4.19）能够收敛至最优稳态条件，即 $g^N > 0$，因此有：$M_1 = \dfrac{8\beta(2\lambda + \rho) + 2\gamma(3\lambda + 4\rho) - 2\sqrt{(4\beta(2\lambda + \rho) + \gamma(3\lambda + 4\rho))^2 - 9\gamma^2\lambda^2}}{9\lambda^2}$，定

理4.1得证。

定理4.1中，要使得 M_1 有意义，则要求 $\Delta^2 \geq 9\gamma^2\lambda^2$，从而 $M_1 > 0$。由定理4.1可知，在非合作博弈情形下，天然气销售价格、天然气出口价格分别与替代能源价格呈线性正向关系。这表明，随着替代能源价格的上升，为了使效用最大化，进口国和出口国需分别提高天然气销售价格和出口价格。此外，由于 $\partial p^N/\partial R^N > \partial w^N/\partial R^N$，从而定理4.1还表明，替代能源价格的上升，对天然气销售价格的正效应要大于对出口价格的正效应。这是因为替代能源价格的变化虽然对天然气出口价格与销售价格均产生正效应，但是对天然气销售价格而言，它的上升不仅源自替代能源价格上升给它带来的直接正效应，还源自替代能源价格上升给它带来的间接正效应（替代能源价格上升使得天然气出口价格上升，而出口价格上升最终导致销售价格的上升）。利用定理4.1的结果对模型进一步求解，可得到两国各自最优策略关于时间变化路径的表达式，具体见定理4.2所述。

定理4.2 在非合作博弈情形下，替代能源价格、天然气销售价格以及天然气出口价格的动态路径分别为：

$$R^N(t) = (R_0 - \overline{R}^N)e^{-g^N t} + \overline{R}^N \tag{4.17}$$

$$p^N(t) = (p_0^N - \overline{p}^N)e^{-g^N t} + \overline{p}^N \tag{4.18}$$

$$w^N(t) = (w_0^N - \overline{w}^N)e^{-g^N t} + \overline{w}^N \tag{4.19}$$

其中，$g^N = \dfrac{\lambda(8\beta + 2\gamma - 3\lambda M_1)}{8(\beta+\gamma)}$，$\overline{R}^N = \dfrac{6(\alpha-\varepsilon) + 2c(\beta+\gamma) + 3M_2\lambda}{8\beta + 2\gamma - 3M_1\lambda}$，$\overline{p}^N = \overline{R}^N$，

$$w_0^N = \frac{2(\alpha - \varepsilon + c(\beta+\gamma)) + \lambda M_2 + (2\gamma + \lambda M_1)R_0}{4(\beta+\gamma)}$$

$$\overline{w}^N = \frac{2(\alpha - \varepsilon + c(\beta+\gamma)) + \lambda M_2 + (2\gamma + \lambda M_1)\overline{R}^N}{4(\beta+\gamma)}$$

$$p_0^N = \frac{3(2\gamma + M_1\lambda)}{8(\beta+\gamma)}R_0 + \frac{6(\alpha-\varepsilon) + 2c(\beta+\gamma) + 3M_2\lambda}{8(\beta+\gamma)}。$$

证明：联立式（4.1）、式（4.6）可得关于 $R(t)$ 的一阶线性方程为：

$$\dot{R}(t) = \lambda\left(\frac{2(3(\alpha-\varepsilon) + c(\beta+\gamma)) + 3\lambda M_2 + 3(2\gamma + \lambda M_1)R(t)}{8(\beta+\gamma)} - R(t)\right) \tag{4.20}$$

对微分方程式（4.20）求解可得：

$$R(t)=(R_0-\overline{R}^N)e^{-g^N t}+\overline{R}^N \tag{4.21}$$

其中，$g^N=\dfrac{\lambda(8\beta+2\gamma-3\lambda M_1)}{8(\beta+\gamma)}>0$，$\overline{R}^N=\dfrac{6(\alpha-\varepsilon)+2c(\beta+\gamma)+3M_2\lambda}{8\beta+2\gamma-3M_1\lambda}$。

将式（4.21）代入式（4.6）、式（4.7）分别可得：

$$p(t)=(p_0^N-\overline{p}^N)e^{-g^N t}+\overline{p}^N \tag{4.22}$$

$$w(t)=(w_0^N-\overline{w}^N)e^{-g^N t}+\overline{w}^N \tag{4.23}$$

其中，$\overline{p}^N=\overline{R}^N$，

$w_0{}^N=\dfrac{2(\alpha-\varepsilon+c(\beta+\gamma))+\lambda M_2+(2\gamma+\lambda M_1)R_0}{4(\beta+\gamma)}$

$\overline{w}^N=\dfrac{2(\alpha-\varepsilon+c(\beta+\gamma))+\lambda M_2+(2\gamma+\lambda M_1)\overline{R}^N}{4(\beta+\gamma)}$

$p_0^N=\dfrac{3(2\gamma+M_1\lambda)}{8(\beta+\gamma)}R_0+\dfrac{6(\alpha-\varepsilon)+2c(\beta+\gamma)+3M_2\lambda}{8(\beta+\gamma)}$，定理4.2得证。

定理4.2中，因为$8\beta+2\gamma-3\lambda M_1>0$，所以要使得$\overline{R}^N$、$\overline{w}^N$、$p_0^N$和$w_0^N$均大于0有意义，则要求$6(\alpha-\varepsilon)+2c(\beta+\gamma)+3M_2\lambda>0$。由定理4.2可知，在非合作博弈情形下，替代能源价格$R^N(t)$、天然气销售价格$p^N(t)$和出口价格$w^N(t)$不仅分别收敛至它们各自的稳态水平$\overline{R}^N$、$\overline{p}^N$和$\overline{w}^N$，而且它们的变化趋势取决于初始替代能源价格R_0与最优稳态替代能源价格$\overline{R}^N$之间的差距。当前者小于（大于）后者时，替代能源价格、天然气销售价格和出口价格均随时间单调递增（递减）至它们的最优稳态水平。

由于我们已经得到了非合作博弈情形下的进口国天然气销售价格最优路径的显式解，因此，可以进一步求得其最优消费者剩余。

定理4.3 在非合作博弈情形下，最优消费者剩余为：

$$CS^N=\left(\frac{\alpha-\varepsilon+\gamma R^N(t)}{2(\beta+\gamma)}-p^N(t)\right)(\alpha-\varepsilon+\gamma R^N(t))+\frac{\beta+\gamma}{2}(p^N(t))^2 \tag{4.24}$$

证明：令式（4.2）中$Q(t)=0$，可得到进口国消费者能够承受的最高天然气销售价格为$p_{\max}(t)=\dfrac{\alpha-\varepsilon+\gamma R(t)}{\beta+\gamma}$，将$p_{\max}(t)$代入回式（4.2），再将它

们代入消费者剩余表达式 $CS(t)=\frac{(p_{\max}(t)-p^N(t))Q(p(t),R(t))}{2}$，最后化简可得式（4.24），定理4.3得证。

定理4.3中，对式（4.24）分别关于 $R^N(t)$ 和 $p^N(t)$ 求偏导数可知，当天然气销售价格与固定比例 $\gamma/(\beta+\gamma)$ 的替代能源价格之间的差值小于（大于）$(\alpha-\varepsilon)/(\beta+\gamma)$ 时，进口国消费者剩余将随替代能源价格上升而增加（减少），同时也将随天然气销售价格上升而减少（增加）。

4.3.2 合作博弈

进出口两国在合作博弈情形下，双方拥有共同目标，即实现联合效用的最大化。因此由式（4.3）和式（4.4）可得到关于两国联合效用的表达式为：

$$V^{A+B}=V^A+V^B=\max_{p(t)}\int_0^{\infty}e^{-\rho t}\{(p(t)-c)(\alpha-\varepsilon-\beta p(t)-\gamma(p(t)-R(t)))\}\mathrm{d}t$$

$$\text{s. t}\ \dot{R}(t)=\lambda(p(t)-R(t)),R(0)=R_0\geqslant 0 \tag{4.25}$$

由式（4.25）可见，联合效用表达式中已不再含有天然气出口价格 $w(t)$。这是因为当进出口两国进行合作时，可将两国视为一个新的利益联盟，那么对该联盟来说，天然气出口价格已经内部化，此时进出口两国关心的是如何制定一个最优的天然气销售价格 $p(t)$，使得联合效用达到最大，以及联合效用的分配问题。相关性质见以下定理4.4和定理4.5。

定理4.4 在合作博弈情形下，天然气销售价格与替代能源价格的动态关系为①：

$$p^C(t)=\frac{\alpha-\varepsilon+c(\beta+\gamma)+\gamma R^C(t)+\lambda(I_1R^C(t)+I_2)}{2(\beta+\gamma)} \tag{4.26}$$

其中，

$$I_1=\frac{\gamma(\lambda+\rho)+\beta(2\lambda+\rho)-\sqrt{(\beta+\gamma)(2\lambda+\rho)(\gamma\rho+\beta(2\lambda+\rho))}}{\lambda^2}$$

① 上标“C”表示合作博弈情形下的变量。

$I_2 = \dfrac{(\alpha-\varepsilon)(\gamma+I_1\lambda) - c(\beta+\gamma)(\gamma-I_1\lambda)}{2\beta(\lambda+\rho)+\gamma(\lambda+2\rho)-I_1\lambda^2}$。

证明：满足式（4.25）的 HJB 方程为：

$$\rho J^{A+B}(R) = \max_{p(t)}\{(p(t)-c)(\alpha-\varepsilon-\beta p(t)-\gamma(p(t)-R(t))) + J_R^{A+B}\lambda(p(t)-R(t))\} \tag{4.27}$$

由式（4.27）的最大化一阶偏导数条件可得：

$$p(t) = \frac{c}{2} + \frac{\alpha-\varepsilon+\gamma R(t)+\lambda J_R^{A+B}}{2(\beta+\gamma)} \tag{4.28}$$

同理，由于式（4.27）满足 LQ 结构形式，可猜测其值函数形式以及偏导数分别为：

$$J^{A+B}(R) = \frac{I_1}{2}R^2(t) + I_2 R(t) + I_3, J_R^{A+B} = I_1 R(t) + I_2 \tag{4.29}$$

其中，I_1、I_2 和 I_3 均为待定的系数。

将式（4.28）代入式（4.27），再结合式（4.29）可得一个关于系数 I_1、I_2 和 I_3 的三元方程组。解得：

$$\begin{cases} I_1 = \dfrac{\gamma(\lambda+\rho)+\beta(2\lambda+\rho) \pm \sqrt{(\beta+\gamma)(2\lambda+\rho)(\gamma\rho+\beta(2\lambda+\rho))}}{\lambda^2} \\ I_2 = \dfrac{(\alpha-\varepsilon)(\gamma+I_1\lambda) - c(\beta+\gamma)(\gamma-I_1\lambda)}{2\beta(\lambda+\rho)+\gamma(\lambda+2\rho)-I_1\lambda^2} \\ I_3 = \dfrac{(\alpha-\varepsilon-c(\beta+\gamma))^2 + I_2\lambda(I_2\lambda+2c(\beta+\gamma)+2(\alpha-\varepsilon))}{4(\beta+\gamma)\rho} \end{cases} \tag{4.30}$$

同理，I_1 虽然存在两个为正的实根，但是由于要满足定理 4.5 中式（4.31）和式（4.32）能够收敛至最优稳态条件，即 $g^C>0$，因此有：

$I_1 = \dfrac{\gamma(\lambda+\rho)+\beta(2\lambda+\rho) - \sqrt{(\beta+\gamma)(2\lambda+\rho)(\gamma\rho+\beta(2\lambda+\rho))}}{\lambda^2}$，定理 4.4 得证。

定理 4.4 中，由假设条件 $\alpha-\varepsilon>c(\beta+\gamma)>0$ 可推出 $I_1>0$，因此，由定

理4.4可知，与非合作博弈情形相似，合作博弈情形下天然气销售价格与替代能源价格之间仍然呈线性正向变动关系。这表明替代能源价格的上升直接导致天然气销售价格上升。

定理4.5 在合作博弈情形下，替代能源价格、天然气销售价格的动态路径分别为：

$$R^C(t)=(R_0-\overline{R}^C)e^{-g^C t}+\overline{R}^C \tag{4.31}$$

$$p^C(t)=(p_0^C-\overline{p}^C)e^{-g^C t}+\overline{p}^C \tag{4.32}$$

最优消费者剩余为：

$$CS^C=\left(\frac{\alpha-\varepsilon+\gamma R^C(t)}{2(\beta+\gamma)}-p^C(t)\right)(\alpha-\varepsilon+\gamma R^C(t))+\frac{\beta+\gamma}{2}(p^C(t))^2 \tag{4.33}$$

其中，

$g^C=\dfrac{\lambda(2\beta+\gamma-\lambda I_1)}{2(\beta+\gamma)}$，$\overline{R}^C=\dfrac{\alpha-\varepsilon+c(\beta+\gamma)+I_2\lambda}{2\beta+\gamma-I_1\lambda}$，$p_0^C=\dfrac{\gamma+I_1\lambda}{2(\beta+\gamma)}R_0+\dfrac{\alpha-\varepsilon+c(\beta+\gamma)+I_2\lambda}{2(\beta+\gamma)}$，$\overline{p}^C=\dfrac{\alpha-\varepsilon+c(\beta+\gamma)+\lambda I_2+(\gamma+\lambda I_1)\overline{R}^C}{2(\beta+\gamma)}$。

证明：联立式（4.1）、式（4.26）可得关于$R(t)$的一阶线性方程为：

$$\dot{R}(t)=\lambda\left(\frac{\alpha-\varepsilon+c(\beta+\gamma)+\gamma R(t)+\lambda(I_1R(t)+I_2)}{2(\beta+\gamma)}-R(t)\right) \tag{4.34}$$

对微分方程式（4.34）求解可得：

$$R(t)=(R_0-\overline{R}^C)e^{-g^C t}+\overline{R}^C \tag{4.35}$$

其中，$g^C=\dfrac{\lambda(2\beta+\gamma-\lambda I_1)}{2(\beta+\gamma)}>0$，$\overline{R}^C=\dfrac{\alpha-\varepsilon+c(\beta+\gamma)+I_2\lambda}{2\beta+\gamma-I_1\lambda}$。

将式（4.35）代入式（4.26）可得：

$$p(t)=(p_0^C-\overline{p}^C)e^{-g^C t}+\overline{p}^C \tag{4.36}$$

其中，

$p_0^C=\dfrac{\gamma+I_1\lambda}{2(\beta+\gamma)}R_0+\dfrac{\alpha-\varepsilon+c(\beta+\gamma)+I_2\lambda}{2(\beta+\gamma)}$，$\overline{p}^C=\dfrac{\alpha-\varepsilon+c(\beta+\gamma)+\lambda I_2+(\gamma+\lambda I_1)\overline{R}^C}{2(\beta+\gamma)}$。

合作博弈情形下的消费者剩余证明过程可参考定理4.3，定理4.5得证。

定理4.5中，因为$2\beta+\gamma-\lambda I_1>0$，所以要使得$\overline{R}^C$和$p_0^C$均大于0有意义，则要求$\alpha-\varepsilon+c(\beta+\gamma)+I_2\lambda>0$。由定理4.5可知，合作博弈情形下的替代能源价格、天然气销售价格以及消费者剩余的最优路径表达式形式与非合作博弈情形相似，因此，它们的相关性质也随之相似，此处将不再赘述。

4.4 数值分析

上一节我们已经求得了两种博弈情形下天然气进出口两国的价格策略、消费者剩余等最优动态路径表达式，但由于其表达式较为复杂，导致难以获得一些重要参数对其最优路径影响的直观结论，因此，本节首先将在一定的参数范围内讨论进口多元化程度和天然气需求交叉弹性对两国最优价格策略的影响，然后将两种博弈情形下的天然气销售价格、消费者剩余以及两国联合效用等最优路径进行比较分析。为了满足定理4.1～定理4.5中相关参数的限定条件，数值分析中的基准参数取值为$\alpha=1$，$\beta=1$，$c=0$，$\rho=0.1$，$\lambda=10$，$\gamma=10$。

4.4.1 进口多元化程度、需求交叉弹性对两国的影响

将基准参数代入$\overline{R}^N$和$\overline{R}^C$的表达式，可得$\overline{R}^N=0.5651$，$\overline{R}^C=0.4775$，当初始替代能源价格小于其最优稳态水平时，表明初始替代能源价格处于较低水平；反之，它将处于较高水平。由定理4.2和定理4.5可知，当初始替代能源价格较低（较高）时，替代能源价格将随时间上升（下降）至最优稳态水平。由于本节研究的是参数ε、γ对替代能源价格以及两国最优策略路径的影响，限于篇幅，下面将以初始替代能源价格处于较低水平的情形（$R_0=0.1$）为代表。

在天然气进口多元化与替代能源价格变动影响下，替代能源价格 $R(t)$ 随时间的动态变化路径如图 4.1 所示。

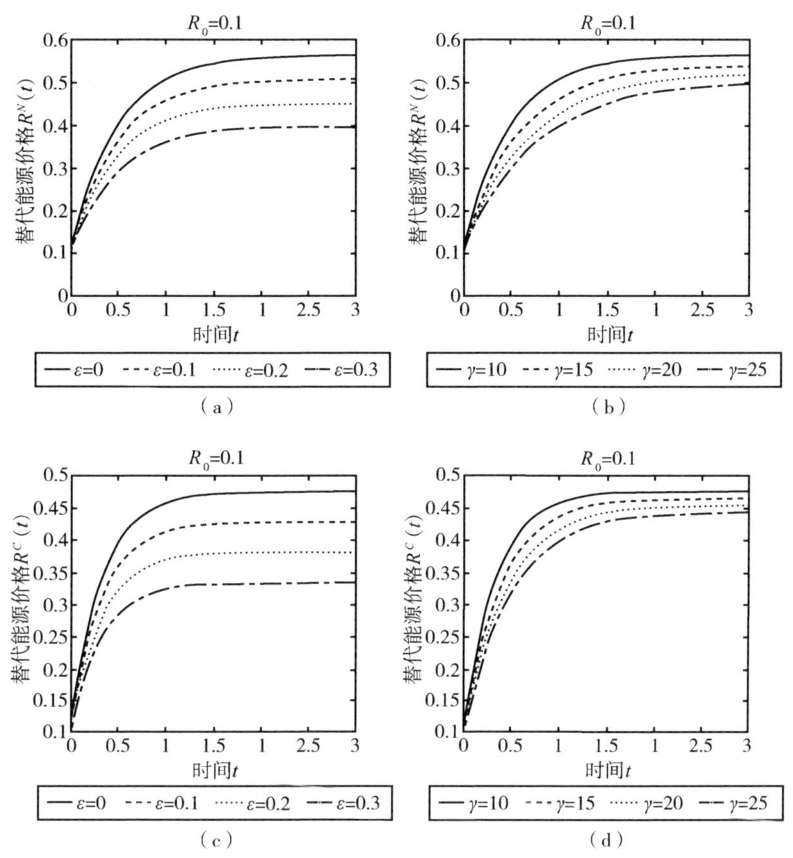

图 4.1　两种博弈情形下，参数 ε、γ 对替代能源价格路径的影响

由图 4.1 中的（a）和（c）可以看出，无论是在非合作博弈还是合作博弈情形下，随着进口多元化程度 ε 的增加，任意时刻的替代能源价格都随之下降，且与非合作博弈情形相比，合作博弈情形下的收敛速度更快。这可能是因为进口多元化程度越大，进口国对天然气进口源的选择机会越多，虽然导致对出口国 B 天然气进口需求量减少，但是进口国的天然气总进口需求量却是增加的，此时下调替代能源价格是比较合理的。由图 4.1 中的（b）和（d）可见，无论是何种博弈情形，随着需求交叉弹性 γ 增加，任意时刻的替代能源价格都随之下降，且在非合作博弈情形下，替代能源价格对需求交叉弹性 γ 的敏感程度明显大于在合作博弈情形下。这可能是因为需求交叉弹性越大意味着替代能源与天然气之间的替代性越强，如果此时替代能源价格上升，那么消费者更倾向选择消费天然气，这显然对替代能源供应商不利。

4.4.1.1 进口多元化程度、需求交叉弹性对出口国的影响

图 4.2 中的（a）和（b）展示了在天然气进口多元化与替代能源价格变动影响下，天然气出口价格 $w(t)$ 随时间的动态变化路径。

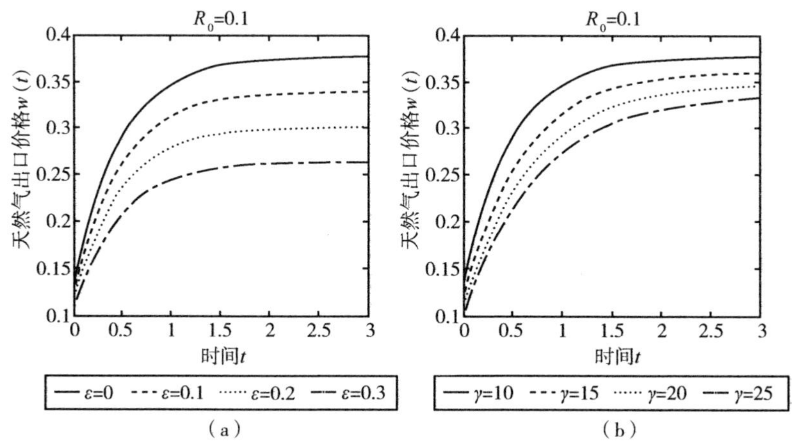

图 4.2 非合作博弈情形下，参数 ε、γ 对天然气出口价格路径的影响

由图 4.2 可以看出，在非合作博弈情形下，随着进口多元化程度 ε 或需求交叉弹性 γ 的增加，任意时刻的天然气出口价格都随之下降。这可能是因为进口多元化程度越大，进口国对天然气进口源的选择机会越多，因此，进口国会比较出口国 B 与其他出口国的天然气出口价格，此时如果出口国 B 选择提高天然气出口价格显然不是明智的选择；由于替代能源与天然气之间的替代性越强，会使得替代能源价格下降，根据定理 4.1 可知，替代能源价格的下降将使得天然气出口价格下降。

图 4.3 中的（a）和（b）展示了在天然气进口多元化与替代能源价格变动影响下，出口国 B 的效用 $V^B(t)$ 随时间的动态变化路径。

由图 4.3 可以看出，在非合作博弈情形下，随着进口多元化程度 ε 的增

加，在短期内出口国 B 的效用随之增加，长期下则随之减少。其原因可能在于进口多元化程度 ε 的增加，虽然导致替代能源价格、天然气出口价格和销售价格下降，但根据出口国 B 的效用表达式可知，在短期内它们可能对天然气销售价格的影响程度较大，长期下则对天然气销售价格的影响较小。随着需求交叉弹性 γ 的增加，在短期内出口国 B 的效用随之减小，长期下则随之增加。以上结果表明，进口多元化程度或需求交叉弹性越高，出口国 B 并非在任何时刻获得的效用越少。

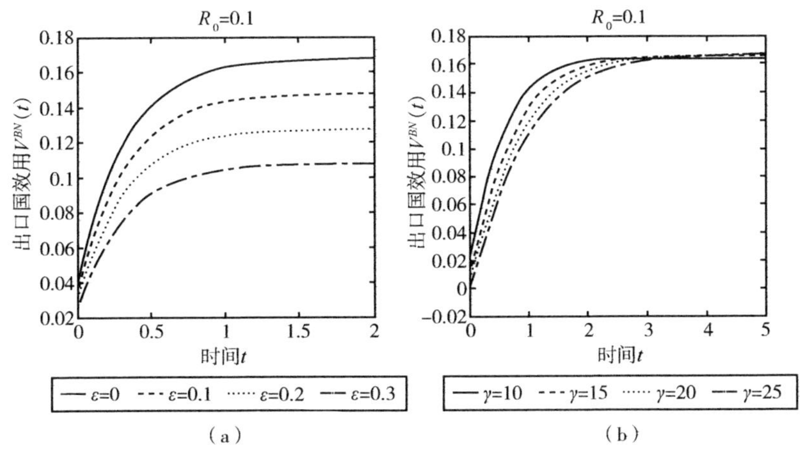

图 4.3　非合作博弈情形下，参数 ε、γ 对出口国效用的影响

4.4.1.2　进口多元化程度、需求交叉弹性对进口国的影响

图 4.4 中的（a）~（d）展示了在天然气进口多元化与替代能源价格变动影响下，天然气销售价格 p（t）随时间的动态变化路径。

由定理 4.1 和定理 4.4 可知，无论处于何种博弈情形，天然气销售价格与替代能源价格均呈正相关关系。因此，由图 4.4 中的（a）~（d）可以看出，进口多元化程度 ε 和需求交叉弹性 γ 对天然气销售价格的影响与替代能源价格相似，此处将不再赘述。

图 4.5 中的（a）~（d）展示了在天然气进口多元化与替代能源价格变动影响下，消费者剩余随时间的动态变化路径。

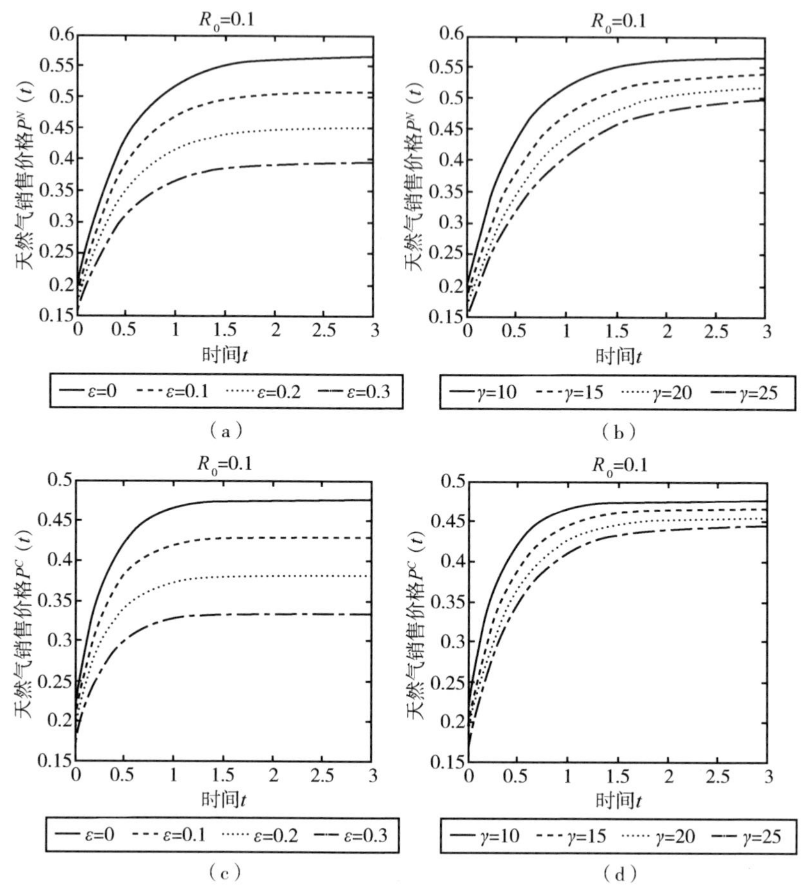

图4.4 两种博弈情形下，参数ε、γ对天然气销售价格路径的影响

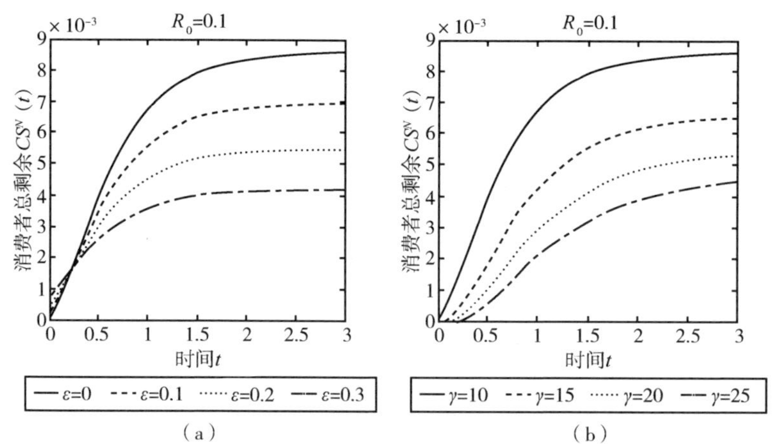

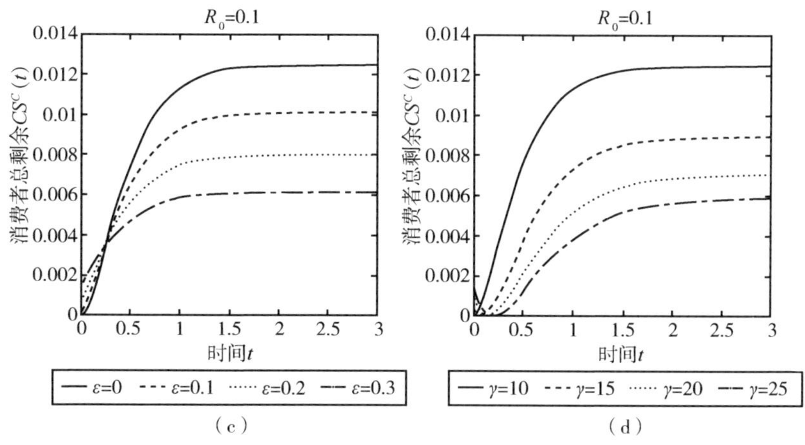

图 4.5　两种博弈情形下，参数 ε、γ 对消费者剩余路径的影响

由图 4.5 可以看出，随着进口多元化程度 ε 的增加，消费者剩余在两种博弈情形下的变化趋势基本相同，即在短期内消费者剩余随之增加，长期下则随之减少。其原因可能在于，根据消费者剩余表达式可知，进口多元化程度 ε 的增加，在短期内可能对天然气销售价格的影响较大，但在长期下对天然气销售价格的影响较小。随着需求交叉弹性 γ 的增加，消费者剩余路径可能不再随时间呈单调性变化，并且同样随着 γ 的增加，短期内消费者剩余随之增加，长期下则随之减少。以上结果表明，进口多元化程度或需求交叉弹性越高，消费者并非在任何时刻获得的消费者剩余越多。

4.4.2　两种博弈情形下的比较分析

先将基准参数代入 $\bar{p}^N$ 和 $\bar{p}^C$ 表达式，可得 $\bar{p}^N=0.5651$，$\bar{p}^C=0.4713$，然后再结合 $\bar{R}^N=0.5651$，$\bar{R}^C=0.4775$，结果表明，非合作博弈情形下的最优稳态替代能源价格、最优稳态天然气销售价格均高于合作博弈情形。接下来我们将分别基于初始替代能源价格处于低、中、高三种水平，即 $R_0\leqslant\bar{R}^C<\bar{R}^N$，$\bar{R}^C\leqslant R_0<\bar{R}^N$，$\bar{R}^C<\bar{R}^N\leqslant R_0$，比较替代能源价格、天然气销售价格、消费者剩余以及两国联合效用在两种博弈情形下的最优路径。

4.4.2.1 替代能源价格路径的比较

图4.6中的（a）~（c）分别展示了初始替代能源价格处于低、中、高水平时，替代能源价格在两种博弈情形下随时间的动态变化轨迹。

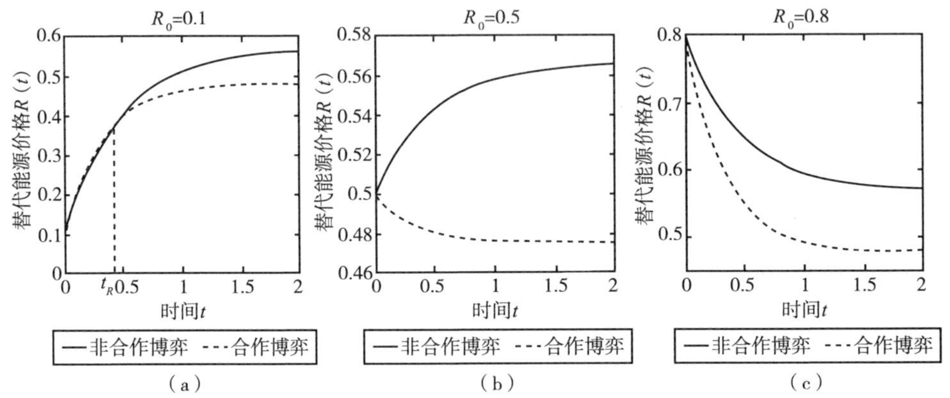

（a）（b）（c）

图4.6 两种博弈情形下的替代能源价格最优路径比较

由图4.6可以看出，当初始替代能源价格处于较低水平时（R_0 = 0.1），两种博弈情形下的替代能源价格均呈单调递增趋势收敛至最优稳态水平，在 $t \in (0, t_R)$ 时，合作博弈时的替代能源价格要高于非合作博弈情形，而 $t \in (t_R, \infty)$ 时，非合作博弈时的替代能源价格要高于合作博弈情形；当初始替代能源价格处于中等水平时（R_0 = 0.5），非合作博弈下的替代能源价格仍然呈单调递增趋势收敛至最优稳态水平，但合作博弈下的替代能源价格却呈单调递减趋势收敛至最优稳态水平，且前者始终高于后者；当初始替代能源价格处于较高水平时（R_0 = 0.8），两种博弈情形下的替代能源价格均呈单调递减趋势收敛至最优稳态水平，且前者同样始终高于后者。

4.4.2.2 天然气销售价格路径的比较

图4.7中的（a）~（c）分别展示了初始替代能源价格处于低、中、高水平时，天然气销售价格在两种博弈情形下随时间的动态变化轨迹。

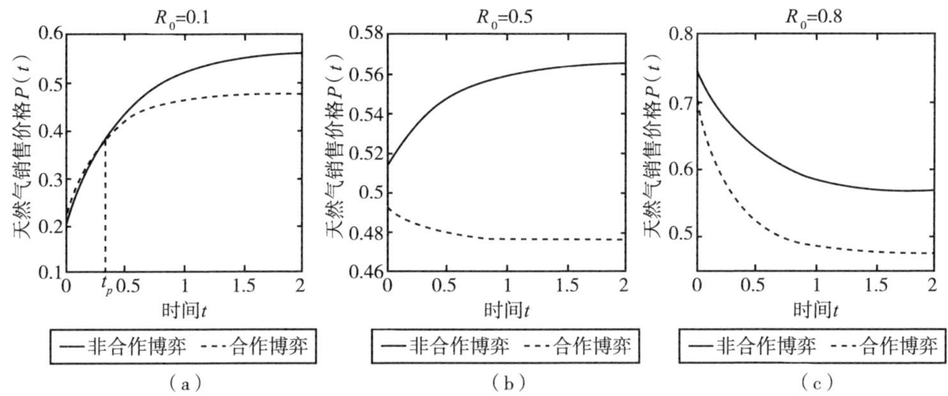

（a）　（b）　（c）

图 4.7　两种博弈情形下的天然气销售价格最优路径比较

由图 4.7 可以看出，与替代能源价格动态路径相似，当初始替代能源价格处于较低水平时，两种博弈情形下的天然气销售价格均呈单调递增趋势收敛至最优稳态水平，在 $t\in(0,\ t_P)$ 时，非合作博弈情形下的天然气销售价格要低于合作博弈情形，而 $t\in(t_P,\ \infty)$ 时，前者要高于后者；当初始替代能源价格处于中等水平时，非合作博弈情形下的天然气销售价格仍然呈单调递增趋势收敛至最优稳态水平，而合作博弈情形下的天然气销售价格却呈单调递减趋势收敛至最优稳态水平，且前者始终高于后者；当初始替代能源价格处于较高水平时，两者均呈单调递减趋势收敛至最优稳态水平，且非合作博弈情形下的天然气销售价格同样始终高于合作博弈情形下的天然气销售价格。

4.4.2.3　消费者剩余路径的比较

图 4.8 中的（a）~（d）分别展示了初始替代能源价格处于低、中、高水平时，消费者剩余在两种博弈情形下随时间的动态变化轨迹。其中，图 4.8 中的（b）为图 4.8 中的（a）在 $t\in[0,\ 0.15]$ 的变化轨迹。

由图 4.8 可以看出，当初始替代能源价格处于较低水平时，两种博弈情形下的消费者剩余均呈单调递增趋势收敛至最优稳态水平，在 $t\in(0,\ t_{CS})$ 时，非合作博弈情形下的消费者剩余要高于合作博弈情形，而 $t\in(t_{CS},\ \infty)$ 时，前者要低于后者；当初始替代能源价格处于中等水平时，非合作博弈情形下的消费者剩余仍然呈单调递增趋势收敛至最优稳态水平，而合作博弈情形下的消费者剩余却呈单调递减趋势收敛至最优稳态水平，且前者始终低于后者；当初始替代能源价格处于较高水平时，两者均呈单调递减趋势收敛至最优稳态水平，且非合作博弈情形下的消费者剩余同样始终低于合作博弈情形下的消费者剩余。

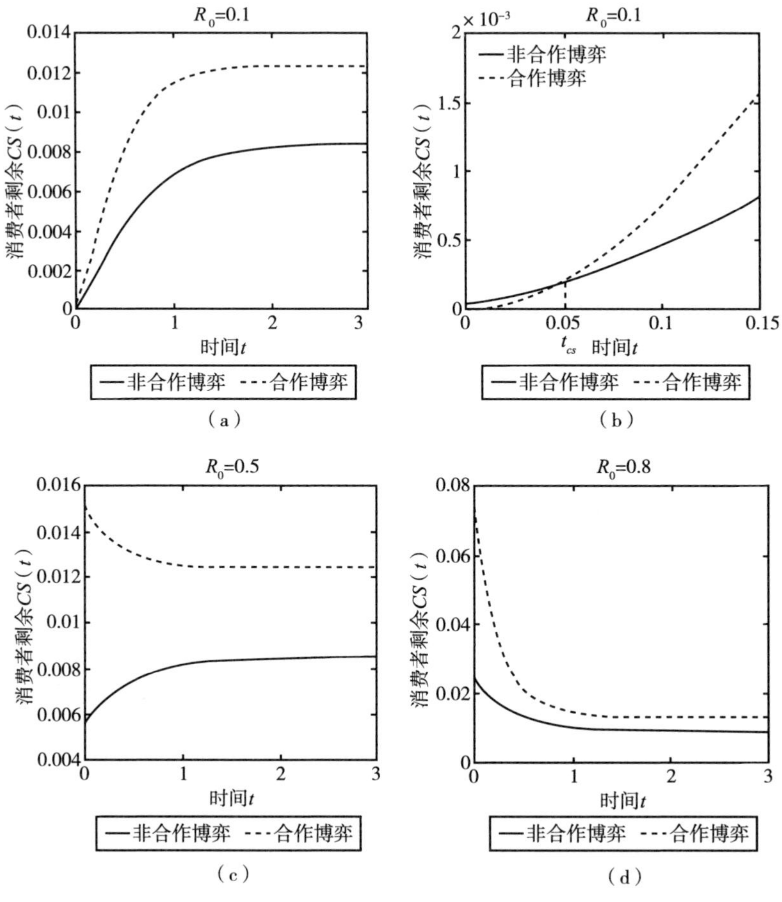

图 4.8　两种博弈情形下的消费者剩余最优路径比较

结合图 4.7 和图 4.8 表明，当初始替代能源价格处于较低水平时，消费者在短期内可能偏好于两国处于非合作关系，长期下则偏好于两国处于合作关系；当初始替代能源价格处于中等或较高水平时，消费者将始终偏好于两国始终处于合作关系。

4.4.2.4 两国联合效用路径的比较分析

图 4.9 中的（a）~（c）分别展示了初始替代能源价格处于低、中、高时，两国联合效用在两种博弈情形下随时间的动态变化轨迹。

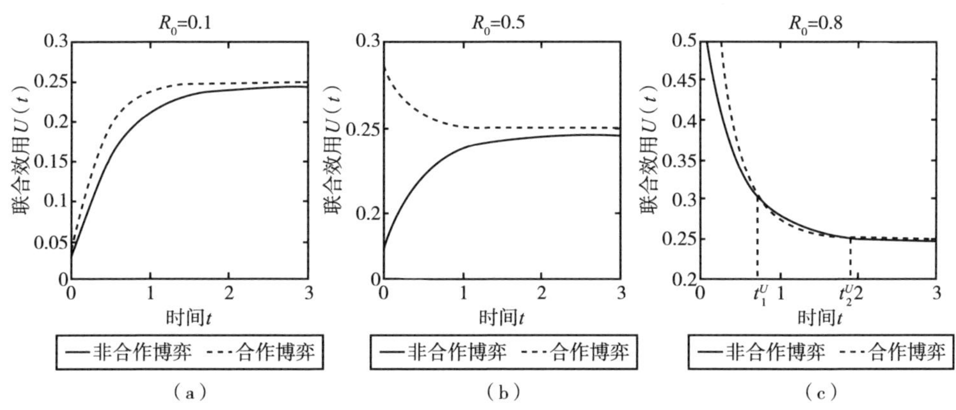

图 4.9　两种博弈情形下的联合效用最优路径比较

由图 4.9 可以看出，当初始替代能源价格处于较低水平时，两种博弈情形下的联合效用均呈单调递增趋势收敛至最优稳态水平，合作博弈情形下的联合效用始终高于非合作博弈情形，且两者差值与时间呈倒“U”型关系；当初始替代能源价格处于中等水平时，合作博弈下的联合效用呈单调递减趋势收敛至最优稳态水平，而非合作博弈情形下的联合效用却呈单调递增趋势收敛至最优稳态水平，且前者始终高于后者，两者差值随时间逐渐减小；当初始替代能源价格处于较高水平时，两者均呈单调递减趋势收敛至最优稳态水平，在 $t \in (0,\ t_1^U)$ 和 $t \in (t_2^U,\ \infty)$ 时，合作博弈下的联合效用大于非合作博弈情形下的联合效用，在 $t \in (t_1^U,\ t_2^U)$ 时，前者反而小于后者。

以上结果表明，当初始替代能源价格处于较低或中等水平时，两国均会毫不犹豫地选择合作的方式。这是因为至少存在一种效用分配方式，使得它们在合作博弈情形下各自获得的效用不会低于非合作博弈情形。但是，当初始替代能源价格处于较高水平时，假设两国可以在任意时刻进行合作或违约，且没有违约成本，那么两国就可能在某时间段存在违约行为。以图 4.9 中的

（c）为例，在 $t \in (t_1^U, t_2^U)$ 区间内，如果两国在这一时期内进行非合作博弈，各自追求其利益最大化可能对它们更有利。

4.5　本章小结

本章以考虑天然气进口多元化与替代能源价格对天然气供需产生影响为背景，构建了关于出口国为主导者、进口国为跟随者的非合作以及两国合作情形的动态博弈模型。首先，我们得到了两种博弈情形下的进口国天然气销售价格、出口国天然气出口价格等最优策略路径以及最优消费者剩余的显式表达式。其次，分析了天然气进口多元化与天然气需求交叉弹性对进出口两国最优策略路径的影响。最后，通过比较天然气销售价格、消费者剩余以及两国联合效用在两种博弈情形下的最优路径，揭示其中蕴含的经济含义。通过研究，得出以下主要结论。

（1）替代能源价格的上升，使得天然气出口价格与销售价格均上升。

（2）当初始替代能源价格水平较低（较高）时，天然气销售价格与其出口价格均随时间呈单调递增（递减）的趋势收敛至最优稳态水平；进口多元化程度或天然气需求交叉弹性的增加，使得最优稳态天然气出口价格下降，同时也使得两种博弈情形下的最优稳态天然气销售价格下降；进口多元化程度或需求替代弹性越高，并非进口国消费者在任何时刻获得的消费者剩余越多以及出口国在任何时刻获得的效用越少。

（3）从消费者剩余角度来看，当初始替代能源价格处于较低水平时，消费者在短期内可能偏好于两国处于非合作关系，长期下则偏好于两国处于合作关系；当初始替代能源价格处于中等或较高水平时，消费者始终偏好于两国处于合作关系。

（4）从贸易双方获得的效用角度来看，当初始替代能源价格处于较低或中等水平时，两国均会选择合作的方式；当初始替代能源价格处于较高水平时，两国可能在某时间段内存在违约行为。

5 储备影响下的天然气贸易博弈

5.1 概　　述

本书在第 3 章与第 4 章已对进口国出现的供应安全问题进行了天然气贸易博弈研究，接下来，第 5 章与第 6 章将对出口国出现的供应安全问题进行天然气贸易博弈研究。

通常，实施天然气储备的大多为进口国，其主要目的是预防由于政治、技术和人为等原因导致进口气源突然中断而造成的进口国天然气供应严重短缺，或者是因地质灾害等突发事件和极端气候条件引起的市场需求剧增（马胜利，2010；胡奥林，2014）。然而，出口国同样需要进行天然气储备。例如，俄罗斯作为世界上最大的管道天然气出口国，2008 年天然气生产量为 6017 亿立方米，天然气出口量约占生产量的 25.66%。2007 年，俄罗斯天然气工业股份公司在俄罗斯境内共经营 25 座天然气储存设施，天然气储存量达到 649 亿立方米。此外，俄罗斯天然气股份公司还在拉脱维亚、德国、奥地利和英国的地下储库储存天然气，其目的在于这些天然气储存可大幅降低天然气供应出现危机的可能性，并可确保出口供应的连续性。澳大利亚作为世界上仅次于卡塔尔的 LNG 出口国，2016 年的 LNG 产量达到 4520 万吨，同期 LNG 出口量达 3680 万吨。同时，这意味着，澳洲有超过 80% 的 LNG 出口至其他国家，仅有不到20%留给自用。2017年5月，澳大利亚能源市场运营机构（AEMO）声称，至2017年夏季，澳大利亚将没有充足的天然气来供应本国市场，从而将采取紧急限制天然出口的措施。对出口国来说，天然气储备对兼顾国内与出口天然气需求方面起着至关重要的作用。

由于第3章已经概述了以我国为代表的进口国时常出现天然气基础设施建设滞后等问题，需加强对基础设施方面的建设，因此本章将不再赘述。在已有的研究中，天然气储备的研究对象主要集中于进口国，而对出口国研究较少；从研究内容上来说，许多文献主要针对天然气储备问题进行定性研究，或者针对天然气储备对天然气价格的影响进行研究，采用储备的形式将天然气供应安全量化的研究较少。鉴于一些出口国在履行贸易合约时忽视了天然气储备，一旦遇到季节调峰或紧急事件时，将可能引发国内的天然气供应安全问题。本章采用储备的形式将出口国天然气供应安全进行量化，同时提出了兼顾经济利益和供应安全的目标函数。在进口国实施天然气基础设施建设、出口国进行天然气储备的背景下，首先，运用微分对策理论获得了出口国与进口国最优策略的反馈均衡解；其次，分析了天然气需求基础设施弹性与天然气出口价格对各最优决策路径带来的影响；最后，探究是否存在一组最优稳态天然气出口价格，使得出口国最优稳态效用、进出口两国联合最优稳态效用达到最大，并对它们的最优稳态价格进行对比分析。

5.2 模型描述及相关假设

5.2.1 进口国的需求价格函数及目标函数

2013年，中缅管线建成通气，中亚管线扩容，LNG接收站建设加快，导致我国天然气消费量大增。2012年，中国天然气消费量为1500亿立方米，2013年则增至1650亿立方米，增速位居各种能源之首。在天然气进口国实施天然气基础设施建设的背景下，仍然采用传统的需求函数显得不合适，因此，本章假设进口国的天然气需求函数为：

$$Q(t)=\alpha-\beta p(t)+\gamma G(t) \tag{5.1}$$

其中，$Q(t)$ 表示进口国在 t 时刻对天然气的需求量，$\alpha>0$ 表示进口国的潜在天然气需求量，$\beta>0$ 可用于反映进口国的天然气需求价格弹性，$p(t)$ 表示进口国在 t 时刻的天然气销售价格，$G(t)$ 表示进口国在 t 时刻的天然气基础设施存量。与 $\beta>0$ 类似，$\gamma>0$ 可用于反映进口国的天然气需求基础设施弹性，即进口国天然气需求量对基础设施的敏感系数。显然，进口国天然气基础设施的增加对其需求量具有促进作用。

天然气进口国 A 为了追求利益最大化，其效用目标函数为：

$$V_A=\max_{p(t),x(t)}\int_0^{\infty}e^{-rt}\{(p(t)-s)(\alpha-\beta p(t)+\gamma G(t))-cx^2(t)\}\mathrm{d}t \tag{5.2}$$

其中，r 表示天然气进出口市场的贴现率，s 表示天然气出口价格，$x(t)$ 表示进口国在 t 时刻天然气基础设施的投入量。通常，天然气出口价格不容易随时间的变化而变化，且其时滞性较强。本章假设天然气出口价格 s 是一个与时间 t 无关的外生变量。由于本章中天然气基础设施对天然气需求的影响机制与广告类似（Feichtinger，1985；Chintagunta，1993），因此，可以假设基础设施的投入成本与投入之间呈二次函数关系。$c>0$ 表示基础设施投入的成本系数。

5.2.2 出口国的目标函数

对天然气出口国来说，如果拥有充足的天然气储备，在考虑类似于石油储备（李卓，2008；周德群，2010；林伯强，2010；焦建玲，2011；吴刚，2011）以应对因战争等造成对海外天然气出口供应中断的同时，重要的是能够应对季节调峰和紧急事件，保障国内天然气供应安全。因此，本章假设出口国在向进口国出口天然气的同时，还需要进行天然气储备。虽然天然气储备量越大，天然气供应安全越高，但同时产生的储备成本也随之上升。出口国在选择天然气储备决策时，必然会在天然气供应安全与成本之间进行权衡，从而建立关于出口国天然气供应安全的效用函数如下（邹莉娜，2017）：

$$U(t) = hI(t) - dI^2(t) \tag{5.3}$$

其中，$I(t)$ 表示出口国在 t 时刻的天然气储备量，$h>0$ 可以表示为出口国对天然气的储备偏好程度，$d>0$ 表示天然气储备的成本系数。

由式（5.3）可以看出，“$hI(t)$”表示天然气储备产生的效用，“$dI^2(t)$”表示储备天然气所耗费的成本（Feichtinger，1985）。当进口国的天然气储备量 $I(t) \in \left[0, \frac{h}{2d}\right)$ 时，其总效用不仅为正，而且还随着储备量的增加而增加；当进口国的天然气储备量 $I(t) \in \left[\frac{h}{2d}, \frac{h}{d}\right)$ 时，其总效用虽然为正，但是会随着储备量的增加而减小；而当进口国的天然气储备量 $I(t) \in \left[\frac{h}{d}, \infty\right)$ 时，其总效用不仅为负，而且还随着储备量的增加而减小。显然，第三种情形是出口国不愿意看到的。

天然气出口国 B 为了兼顾经济利益与供应安全效用最大化，其效用目标函数为：

$$V_B = \max_{f(t)} \int_0^{\infty} e^{-rt} \{ (s - \tilde{c})(\alpha - \beta p(t) + \gamma G(t)) - ef^2(t) + U(t) \} \mathrm{d}t \tag{5.4}$$

其中，$\tilde{c}$ 表示天然气开采和运输的单位成本，$f(t)$ 表示天然气出口国在 t 时刻的天然气开采量。同样地，本章可将天然气的开采过程类似于产品的生产过程（Pekelman，1974；Jørgensen，1999），进而假设天然气的开采成本与开采量之间也呈二次函数关系。$e>0$ 表示天然气的开采成本系数。

5.2.3 天然气储备及基础设施的动态约束

本章假设天然气出口国在天然气储备的动态变化中相对稳定，那么天然气出口国的天然气储备量 $I(t)$ 的变化关系表示为：

$$\dot{I}(t) = f(t) - Q(t), I(0) = I_0 \geq 0 \tag{5.5}$$

其中，I_0 表示初始天然气储备量。

本章同样假设天然气进口国的基础设施存量在动态变化中相对稳定，那么天然气进口国的基础设施存量 $G(t)$ 的变化关系表示为：

$$\dot{G}(t)=x(t)-\delta G(t),G(0)=G_0\geqslant 0 \tag{5.6}$$

其中，δ 表示天然气基础设施的折旧率，G_0 表示初始天然气基础设施存量。为了简化模型计算，本章还假设 $\tilde{c}=0$。

因此，在天然气储备及基础设施的影响下，进口国 A 与出口国 B 的动态优化问题为：

$$\max_{p(t),x(t)}\int_0^{\infty}e^{-rt}\{(p(t)-s)(\alpha-\beta p(t)+\gamma G(t))-cx^2(t)\}\mathrm{d}t$$

$$\max_{f(t)}\int_0^{\infty}e^{-rt}\{s(\alpha-\beta p(t)+\gamma G(t))-ef^2(t)+hI(t)-dI^2(t)\}\mathrm{d}t$$

$$\text{s. t. }\dot{G}(t)=x(t)-\delta G(t),G(0)=G_0\geqslant 0$$

$$\dot{I}(t)=f(t)-\alpha+\beta p(t)-\gamma G(t),I(0)=I_0\geqslant 0 \tag{5.7}$$

对式（5.7）动态最优控制问题进行求解，可得到最优解的显式表达式，相关性质分析如以下定理 5.1 ~ 定理 5.6 所述。

5.3 模型求解与分析

定理 5.1 天然气进口国最优销售价格、最优基础设施投入与最优基础设施存量的动态关系分别为：

$$p(t)=\frac{1}{2}\left(\frac{\alpha}{\beta}+s+\frac{\gamma}{\beta}G(t)\right) \tag{5.8}$$

$$x(t)=\frac{1}{2}\left(\frac{\gamma(\alpha-\beta s)}{c\beta(L+r)}+(2\delta+r-L)G(t)\right) \tag{5.9}$$

其中，$L=\sqrt{(2\delta+r)^2-\frac{\gamma^2}{c\beta}}$。

证明： 满足式（5.7）的 HJB 方程分别为：

$$rJ_A = \max_{p(t),x(t)} \left\{ \begin{array}{l} (p(t)-s)(\alpha-\beta p(t)+\gamma G(t)) - cx^2(t) + V_{AG}(x(t)-\delta G(t)) \\ +V_{AI}(f(t)-\alpha+\beta p(t)-\gamma G(t)) \end{array} \right\} \tag{5.10}$$

$$rJ_B = \max_{f(t)} \left\{ \begin{array}{l} s(\alpha-\beta p(t)+\gamma G(t)) - ef^2(t) + hI(t) - dI^2(t) \\ +V_{BG}(x(t)-\delta G(t)) + V_{BI}(f(t)-\alpha+\beta p(t)-\gamma G(t)) \end{array} \right\} \tag{5.11}$$

由式（5.10）最大化一阶偏导数条件分别可得：

$$p(t) = \frac{1}{2}\left(\frac{\alpha+\gamma G(t)}{\beta} + s + J_{AI}\right) \tag{5.12}$$

$$x(t) = \frac{J_{AG}}{2c} \tag{5.13}$$

由式（5.11）最大化一阶偏导数条件得：

$$f(t) = \frac{J_{BI}}{2e} \tag{5.14}$$

将式（5.12）、式（5.13）和式（5.14）代入式（5.10）化简得：

$$\begin{aligned} rJ_A = {} & \frac{\alpha^2}{4\beta} - \frac{\alpha s}{2} + \frac{\beta s^2}{4} + \frac{\gamma}{2}\left(\frac{\alpha}{\beta} - s\right)G(t) + \frac{\gamma^2}{4\beta}G^2(t) + \frac{J_{AG}^2}{4c} - \delta J_{AG}G(t) \\ & - \left(\frac{\alpha-\beta s}{2}\right)J_{AI} + \frac{\beta J_{AI}^2}{4} - \frac{\gamma}{2}G(t)J_{AI} + \frac{J_{AI}J_{BI}}{2e} \end{aligned} \tag{5.15}$$

假设满足式（5.15）的函数形式为：

$$J_A = A_A + C_A G(t) + D_A G^2(t) \tag{5.16}$$

分别对式（5.16）中 $G(t)$ 和 $I(t)$ 求一阶偏导数可得：

$$J_{AG} = C_A + 2D_A G(t) \tag{5.17}$$

$$J_{AI} = 0 \tag{5.18}$$

将式（5.17）、式（5.18）代入式（5.15），待定系数满足的方程组化简可得：

$$\begin{cases} rD_A = \dfrac{\gamma^2}{4\beta} + \dfrac{D_A^2}{c} - 2\delta D_A \\ C_A = \dfrac{\gamma\left(\dfrac{\alpha}{\beta} - s\right)}{2\left(\delta + r - \dfrac{D_A}{c}\right)} \\ A_A = \dfrac{1}{4r}\left(\dfrac{(\beta s - \alpha)^2}{\beta} + \dfrac{C_A^2}{c}\right) \end{cases} \tag{5.19}$$

由式（5.19）可知，$D_A = \dfrac{c}{2}(2\delta + r \pm L)$。根据定理3关于$s \leqslant \dfrac{\alpha}{\beta}$的假设条件，意味着$D_A$取较小的根使得$C_A$与$x$（$t$）为非负。因此，式（5.19）的解为：

$$\begin{cases} D_A = \dfrac{c}{2}(2\delta + r - L) \\ C_A = \dfrac{\gamma(\alpha - \beta s)}{\beta(L + r)} \\ A_A = \dfrac{(\alpha - \beta s)^2}{4r\beta}\left(1 + \dfrac{\gamma^2}{c\beta\,(L + r)^2}\right) \end{cases} \tag{5.20}$$

其中，$L = \sqrt{(2\delta + r)^2 - \dfrac{\gamma^2}{c\beta}}$。先将式（5.20）代入式（5.17），再将式（5.18）代入式（5.8），以及将式（5.17）代入式（5.13），定理5.1得证。

定理5.1中，要使得L有意义，则$(2\delta + r)^2 \geqslant \dfrac{\gamma^2}{c\beta}$，从而$2\delta + r - L > 0$。因此，由定理5.1可知，进口国的天然气最优基础设施存量与最优销售价格、最优基础设施投入量均呈正向变动关系。天然气基础设施存量的增加必然导致进口国对基础设施投入的增加，同时基础设施存量的增加虽然可以增加天然气需求量，但同时也增加了基础设施的投入成本，因此，进口国为了追求利润最大化，一般会提高天然气的销售价格。为了分析天然气进口国最优基础设施存量、最优销售价格以及最优基础设施投入的动态特征，利用定理5.1的计算结果对模型进一步求解，得到各最优策略关于时间的变化路径如定理5.2所述。

定理5.2 天然气出口国最优开采量与最优储备量、进口国最优基础设施存量的动态关系为：

$$f(t)=\frac{M-r}{2}\left(\frac{\alpha-\beta s}{M+r}\left(1+\frac{\gamma^2}{c\beta(L+r)(L+M)}\right)+\frac{\gamma}{L+M}G(t)-I(t)\right)+\frac{h}{2e(M+r)} \tag{5.21}$$

其中，$M=\sqrt{r^2+\frac{4d}{e}}$。

证明：将式（5.12）、式（5.13）和式（5.14）代入式（5.11）化简得：

$$rJ_B=\frac{s(\alpha-\beta s)}{2}+\frac{\gamma s}{2}G(t)-dI(t)2-\frac{\beta s}{2}J_{AI}-\delta G(t)J_{BG}-\frac{\alpha-\beta s}{2}J_{BI}$$
$$+\frac{J_{BI}^2}{4e}-\frac{\gamma}{2}G(t)J_{BI}+\frac{J_{AG}J_{BG}}{2c}+\frac{\beta}{2}J_{AI}J_{BI}+hI(t) \tag{5.22}$$

假设满足式（5.22）的函数形式为：

$$J_B=A_B+C_BG(t)+D_BG^2(t)+E_BI(t)+F_BI^2(t)+H_BG(t)I(t) \tag{5.23}$$

式（5.23）分别对 $G(t)$ 和 $I(t)$ 求一阶偏导数可得：

$$J_{BG}=C_B+2D_BG(t)+H_BI(t) \tag{5.24}$$

$$J_{BI}=E_B+2F_BI(t)+H_BG(t) \tag{5.25}$$

将式（5.24）、式（5.25）代入式（5.22），待定系数满足的方程组化简可得：

$$\begin{cases}F_B=-\frac{e}{2}(M-r)\\ H_B=\frac{e\gamma(M-r)}{M+L}\\ E_B=\frac{e(\alpha-\beta s)(M-r)}{M+r}\left(1+\frac{\gamma^2}{c\beta(r+L)(M+L)}\right)+\frac{h}{M+r}\\ D_B=-\frac{e\gamma^2(M-r)(2L+r+M)}{4L(M+L)^2}\\ C_B=\frac{\gamma s-(\alpha-\beta s)H_B+\frac{H_BE_B}{e}-\gamma E_B+\frac{2C_AD_B}{c}}{2\left(r+\delta-\frac{D_A}{c}\right)}\\ A_B=\frac{1}{2r}\left(s(\alpha-\beta s)-E_B\left(\alpha-\beta s-\frac{E_B}{2e}\right)+\frac{C_AC_B}{c}\right)\end{cases} \tag{5.26}$$

其中，$M=\sqrt{r^2+\frac{4d}{e}}$。将式（5.26）代入式（5.25），再将式（5.25）代入式（5.14），定理5.2得证。

由定理5.2可知，进口国的天然气最优基础设施存量与出口国最优天然气开采量呈正向变动关系，而出口国最优天然气储备量与其最优天然气开采量则呈反向变动关系。其原因可能是由于进口国的天然气最优基础设施存量的增加使得进口国的天然气进口需求量增加，同时也表明，出口国的天然气出口量的增加，从而出口国的天然气最优开采量也会增加；出口国的天然气最优储备量的增加表明，出口国通过储备天然气能够提高效用，然而想要保持这种较高的天然气储备水平则可能需要增加天然气的开采量，而天然气的开采需要耗费开采成本，那么，此时出口国采取减少天然气开采量的决策可能是明智之举。

定理5.3 天然气进口国最优基础设施存量、最优销售价格以及最优基础设施投入的动态路径分别为：

$$G(t)=\overline{G}+(G_0-\overline{G})e^{\frac{r-L}{2}t} \tag{5.27}$$

$$p(t)=\frac{\alpha+\beta s+\gamma\overline{G}}{2\beta}+\frac{\gamma}{2\beta}(G_0-\overline{G})e^{\frac{r-L}{2}t} \tag{5.28}$$

$$x(t)=\frac{1}{2}\left(\frac{\gamma(\alpha-\beta s)}{c\beta(L+r)}+(2\delta+r-L)\overline{G}\right)+\frac{2\delta+r-L}{2}(G_0-\overline{G})e^{\frac{r-L}{2}t} \tag{5.29}$$

其中，$\overline{G}=\frac{\gamma\ (\alpha-\beta s)}{4c\beta\delta\ (r+\delta)\ -\gamma^2}$。

证明：结合式（5.6）、式（5.9）可得关于$G\ (t)$的一阶线性微分方程为：

$$\dot{G}(t)-\frac{1}{2}(r-L)G(t)=\frac{\gamma\ (\alpha-\beta s)}{2c\beta\ (L+r)} \tag{5.30}$$

对式（5.30）微分方程进行求解可得式（5.27）。再将式（5.27）代入式（5.8）、式（5.9）分别可得式（5.28）和式（5.29），定理5.3得证。

定理5.3中，要使得$G(t)$、$p(t)$、$x(t)$分别收敛至其稳态水平$\overline{G}$、$\overline{p}$、$\overline{x}$，则要求$r-L<0$，即$4c\beta\delta(r+\delta)-\gamma^2>0$。又因为$\overline{G}\geqslant 0$，所以有$s\leqslant\frac{\alpha}{\beta}$。由

定理 5.3 可知，天然气进口国最优基础设施存量、最优销售价格以及最优基础设施投入的动态路径的变化趋势取决于其初始基础设施存量与最优稳态基础设施存量的差距。当天然气进口国的初始基础设施存量小于最优稳态基础设施存量时，天然气最优基础设施存量、最优销售价格以及最优基础设施投入均随时间逐渐递增至它们各自的最优稳态水平；反之，则随时间逐渐递减至它们各自的最优稳态水平。

定理 5.4 天然气出口国最优储备量与最优开采量的动态路径分别为：

$$I(t)=\bar{I}-\frac{\gamma(L+r)}{(M-L)(M+L)}(G_0-\bar{G})e^{\frac{r-L}{2}t}+\left(I_0-\bar{I}+\frac{\gamma(L+r)}{(M-L)(M+L)}(G_0-\bar{G})\right)e^{\frac{r-M}{2}t} \tag{5.31}$$

$$\begin{aligned}f(t)=&\frac{M-r}{2}\left(\frac{\alpha-\beta s}{M+r}\left(1+\frac{\gamma^2}{c\beta(L+r)(L+M)}\right)+\frac{\gamma}{L+M}\bar{G}-\bar{I}\right)\\&+\frac{2d\gamma(L+r)}{e(M^2-L^2)}(G_0-\bar{G})e^{\frac{r-L}{2}t}-\frac{M-r}{2}\left(I_0-\bar{I}+\frac{\gamma(L+r)}{M^2-L^2}(G_0-\bar{G})\right)e^{\frac{r-M}{2}t}\\&+\frac{h}{2e(M+r)}\end{aligned} \tag{5.32}$$

其中，$\bar{I}=\frac{e(\alpha-\beta s)}{2d}\left(\frac{\gamma^2(M-r)}{2c\beta(r+L)(M+L)}-\frac{\gamma^2(L+r)}{2(L+M)}\frac{M+r}{4c\beta\delta(r+\delta)-\gamma^2}-r\right)+\frac{h}{4d}$。

证明：结合式（5.5）、式（5.8）、式（5.10），可得关于 $I(t)$ 的一阶线性微分方程为：

$$\dot{I}(t)=\frac{1}{2}\begin{pmatrix}\frac{(\alpha-\beta s)}{M+r}\left(\frac{\gamma^2(M-r)}{c\beta(r+L)(M+L)}-2r\right)+\frac{h}{e(M+r)}\\-\frac{\gamma(L+r)}{L+M}G(t)-(M-r)I(t)\end{pmatrix} \tag{5.33}$$

对式（5.33）微分方程进行求解可得式（5.31），再将式（5.27）、式（5.31）代入式（5.10）可得式（5.32），定理 5.4 得证。

由定理 5.4 可知，出口国的最优天然气储备量与开采量的动态路径的变化趋势不仅取决于其初始储备量与最优稳态储备量的差距，还与进口国的初始基础设施存量与最优稳态基础设施存量的差距有关。与定理 5.3 不同，从式（5.31）和式（5.32）可以看出，天然气出口国的最优储备量与最优开采量的动态路径可能不再随时间呈单调性变化。此外，由出口国最优稳态储备量的表达式可以看出，出口国对天然气储备的偏好系数可能影响到最优稳态储备量的符号。也就是说，如果出口国对天然气储备的偏好太弱，那么最优稳态储备量可能为负，这意味着此时出口国对天然气的开采量无法满足进口国对天然气的进口需求量。当然，由式（5.32）可知，如果该偏好太强，那么出口国的最优稳态天然气储备量过高可能会使得最优天然气开采量为负。这显然是不切实际的。

定理 5.5 天然气出口国 B 在最优稳态下的效用值 $\overline{V}_B$ 关于天然气出口价格 $\bar{s}$ 的表达式为：

$$\overline{V}_B = A(\alpha-\beta\bar{s})^2 + E\bar{s}(\alpha-\beta\bar{s}) + C(\alpha-\beta\bar{s}) + D \tag{5.34}$$

其中，A，E，C，D 分别为各参数的表达式。存在一个 $\bar{s}_B^*$ 使得 $\overline{V}_B$ 到达最大值。其中，$\bar{s}_B^* = \dfrac{E\alpha - 2A\beta\alpha - C\beta}{2\beta(E-A\beta)}$。

证明： 令 $\bar{p} = \dfrac{\alpha+\beta s+\gamma\overline{G}}{2\beta}$，$\overline{G} = \lambda(\alpha-\beta s)$，$\bar{x} = \omega+\tau(\alpha-\beta s)$，$\bar{I} = \mu(\alpha-\beta s) + \dfrac{h}{4d}$，$\bar{f} = \eta(\alpha-\beta s) + \overline{\varepsilon G} - \overline{\theta I} + \dfrac{h}{2e(M+r)}$。

其中，$\lambda = \dfrac{\gamma}{4c\beta\delta(r+\delta)-\gamma^2}$，$\omega = \dfrac{\gamma(\alpha-\beta s)}{2c\beta(L+r)}$，$\varepsilon = \dfrac{\gamma(M-r)}{2(L+M)}$，$\eta = \dfrac{M-r}{2(M+r)}\left(1+\dfrac{\gamma^2}{c\beta(L+r)(L+M)}\right)$，$\tau = \dfrac{2\delta+r-L}{2}\lambda$，$\theta = \dfrac{M-r}{2}$，$\mu = \dfrac{e}{2d}\left(\dfrac{\gamma^2(M-r)}{2c\beta(r+L)(M+L)} - \dfrac{\gamma^2(L+r)}{2(L+M)}\dfrac{M+r}{4c\beta\delta(r+\delta)-\gamma^2} - r\right)$。

将上述 $\bar{p}$，$\overline{G}$，$\bar{I}$，$\bar{f}$ 的表达式代入式（5.4），化简可得：

$$\begin{aligned}\overline{V}_B &= s(\alpha-\overline{\beta p}+\overline{\gamma G}) - \overline{ef^2} - \overline{dI^2} + \overline{hI} \\ &= -(e(\eta+\varepsilon\lambda-\theta\mu)^2 + d\mu^2)(\alpha-\beta s)^2 + \frac{1+\gamma\lambda}{2}s(\alpha-\beta s) + \frac{h\mu}{2}(\alpha-\beta s) + \frac{3h^2}{16d} \\ &= A(\alpha-\beta s)^2 + Es(\alpha-\beta s) + C(\alpha-\beta s) + D\end{aligned} \tag{5.35}$$

其中，$A = -e(\eta+\varepsilon\lambda-\theta\mu)^2 - d\mu^2 < 0$，$E = \dfrac{1+\gamma\lambda}{2} > 0$，$C = \dfrac{h\mu}{2} > 0$，$D = \dfrac{3h^2}{16d} >$

0。所以，$s=s_B^*=\dfrac{E\alpha-2A\beta\alpha-C\beta}{2\beta(E-A\beta)}$时，$\overline{V}_B$ 取得最大值，定理 5.5 得证。

通过上一节可知，天然气出口价格是由天然气出口国 B 制定的外生变量，进口国 A 只是价格的接受者。所以出口国 B 为了获得最大效用必然会制定一个最优天然气出口价格。由于出口国 B 出口天然气是随时间变化的动态过程，其制定的最优天然气出口价格在达到最优稳态之前可能会随时间的变化而变化，并且计算过程也颇为复杂。但从出口国 B 考虑长远效用的角度来看，我们可以得到最优稳态天然气出口价格。由定理 5.5 中的式（5.34）可知，天然气最优稳态出口价格与天然气出口国 B 的最优稳态效用值之间呈倒“U”型关系，所以存在一个最优稳态天然气出口价格，使得天然气出口国 B 的最优稳态效用达到最大。

定理 5.6 $\dfrac{\partial\overline{G}}{\partial s}<0$，$\dfrac{\partial\overline{x}}{\partial s}<0$；$\dfrac{\partial\overline{I}}{\partial h}>0$。

证明： 由定理 5.3 可知，$4c\beta\delta(r+\delta)-\gamma^2>0$。所以根据 $\overline{G}$ 的表达式可得，$\dfrac{\partial\overline{G}}{\partial s}<0$。

由式（5.9）可得，$\overline{x}=\dfrac{1}{2}\left(\dfrac{\gamma(\alpha-\beta s)}{c\beta(L+r)}+(2\delta+r-L)\overline{G}\right)$。又因为 $2\delta+r-L>0$，$\dfrac{\partial\overline{G}}{\partial s}<0$。显然，$\dfrac{\partial\overline{x}}{\partial s}<0$。由定理 5.4 中的 $\overline{I}$ 表达式可得，$\dfrac{\partial\overline{I}}{\partial h}>0$，定理 5.6 得证。

定理 5.6 表明，天然气出口价格越高，进口国的最优稳态天然气基础设施存量将越低。其原因可以用以下传导机制进行解释。天然气出口价格越高，意味着进口国进口天然气的成本越高，那么其最优稳态天然气基础设施存量的减少可能带来两方面的作用：其一，最优稳态天然气基础设施存量的减少会导致进口国天然气需求量的下降，从而可能使得进口国的销售利润下降；其二，最优稳态天然气基础设施存量的减少也会使得基础设施的投入成本减少。然而进口国为了追求效用最大化，会认为基础设施投入成本的减少量大于销售利润的减少量，所以随着天然气出口价格增加，减少天然气基础设施投入的决策更为合理。此外，天然气出口价格越高，会使得进口国的最优稳态基础设施投入下降；出口国对天然气储备偏好越强，会使得出口国最优稳态储备量越高也是容易理解的。

5.4 数值分析

上一节我们得到了天然气进出口两国各决策的动态路径表达式，并分析了一些简单的相关参数对各决策最优稳态水平的影响，但由于天然气进出口两国各决策动态路径的表达式较为复杂，从而难以获得一些重要参数对其路径影响的直观结论。本章将在一定参数范围内讨论进口国天然气需求基础设施弹性 γ 和出口国制定的天然气出口价格 s 对两国最优决策的影响，以及分别以出口国效用、进出口两国联合效用的角度对最优天然气出口价格进行对比分析。为了满足定理 5.1 ~ 定理 5.4 中相关参数的限定条件，数值仿真中的基本参数取值为 $\alpha=1$，$\beta=1$，$\gamma=0.1$，$c=1$，$e=1$，$d=1$，$\delta=0.1$，$r=0.1$，$s=0.2$，$h=1$。

5.4.1 进口国最优决策的动态路径分析

当初始天然气基础设施存量小于最优稳态基础设施存量时（$G_0=0.5$），初始天然气基础设施处于不足状态。根据定理 5.3 可知，进口国应该选择增加基础设施建设的决策，使天然气基础设施存量增加至最优稳态水平。在天然气基础设施存量沿最优路径变化的过程中，天然气销售价格与基础设施投入也将分别沿最优路径收敛至最优稳态水平。图 5.1 中的（a）~（d）展现了在不同天然气需求基础设施弹性与天然气出口价格下，天然气销售价格与基础设施投入随时间的动态变化轨迹。

由图 5.1 可以看出，天然气销售价格与基础设施投入的最优路径随时间变化均呈单调递增的趋势收敛至最优稳态水平。其中，（a）和（b）表明，天然气需求基础设施弹性的增大，会使得最优稳态销售价格与基础设施投入上升且以更慢的收敛速度收敛至稳态水平；（c）和（d）则表明，天然气出口价格的上升，会使得最优稳态销售价格上升，同时也会使得最优稳态基础设施投入下降。然而，天然气出口价格对它们在各自路径上的收敛速度并没有产生任何影响。

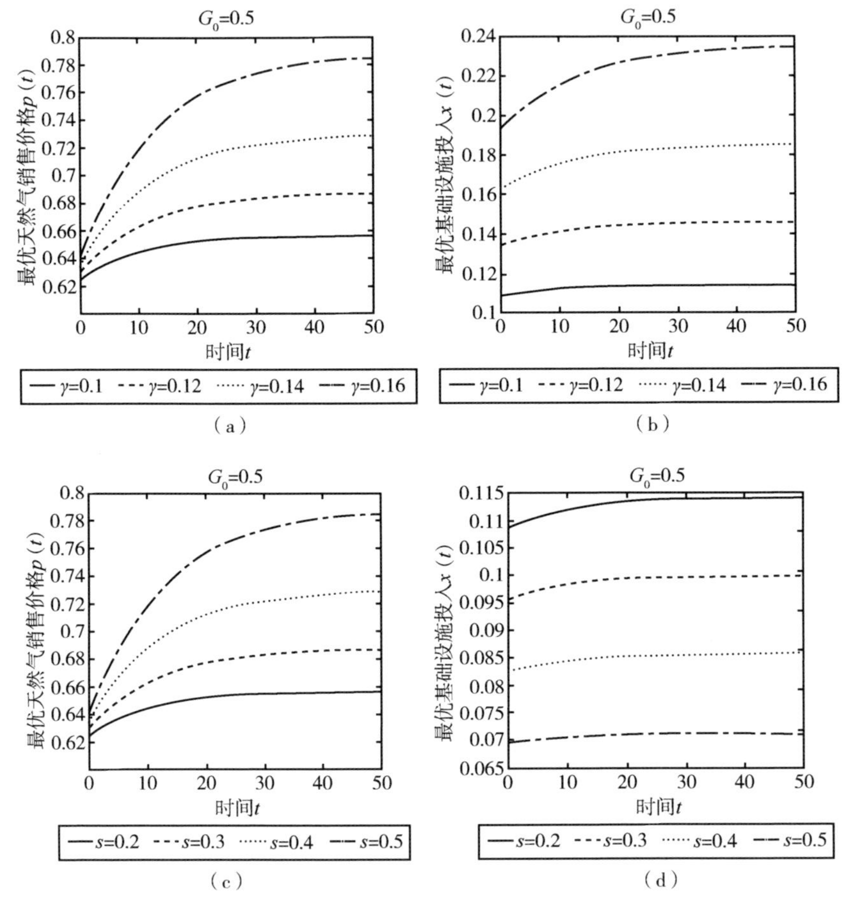

图 5.1　初始基础设施不足时，γ、s 对进口国最优决策的影响

当初始基础设施存量高于最优稳态基础设施存量时（$G_0=3$），初始天然气基础设施处于过剩状态。同样根据定理 5.3 可知，进口国应该选择减少基础设施存量的决策，使天然气基础设施存量减少至最优稳态水平。图 5.2 中的（a）~（d）同样展现了在不同天然气需求基础设施弹性与天然气出口价格下，天然气销售价格与基础设施投入随时间的动态变化轨迹。

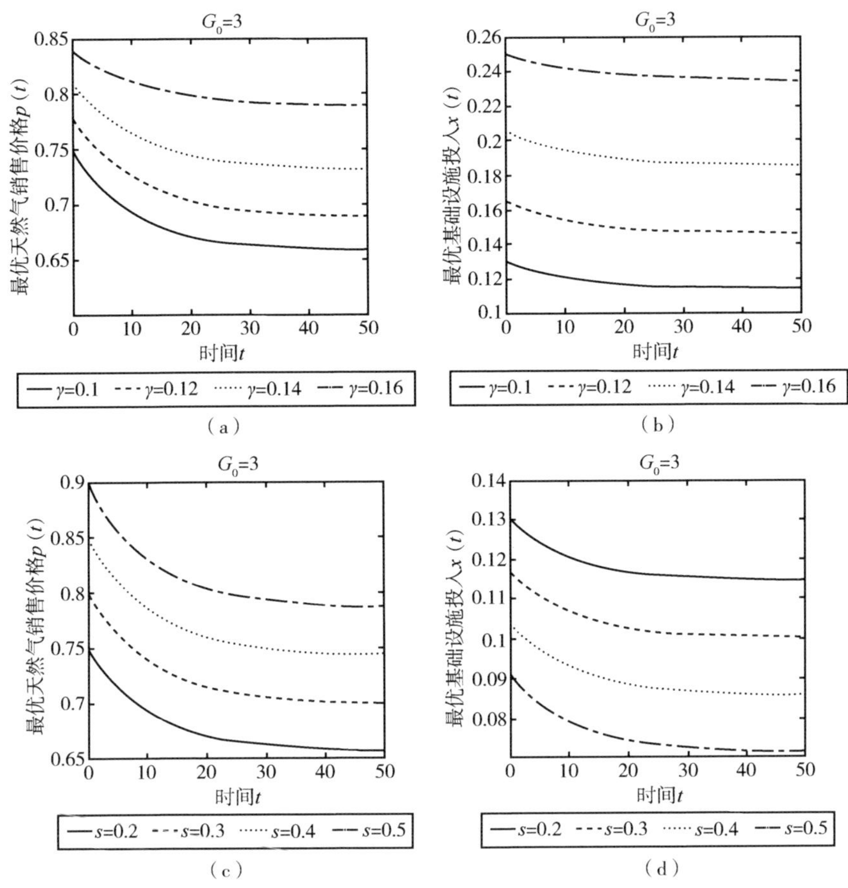

图 5.2　初始基础设施过剩时，γ、s 对进口国最优决策的影响

由图 5.2 可以看出，此时无论是天然气销售价格还是天然气基础设施投入，它们的最优路径均随时间的变化呈单调递减的趋势收敛至最优稳态水平。天然气需求基础设施弹性与天然气出口价格分别对最优稳态下的天然气销售价格与基础设施投入影响的结论均与初始天然气储备均面临不足的情形相同。

5.4.2　出口国最优决策的动态路径分析

由定理 5.4 可知，出口国的最优天然气开采量的动态路径变化趋势不仅取决于初始储备量与最优稳态储备量的差距，还与初始基础设施存量与最优稳态基础设施存量的差距有关。图 5.3 中的（a）~（d）展现了当初始天然气储备面临不足时（$I_0=0.05$），天然气需求基础设施弹性与天然气出口价格对出口国最优天然气开采路径的影响。

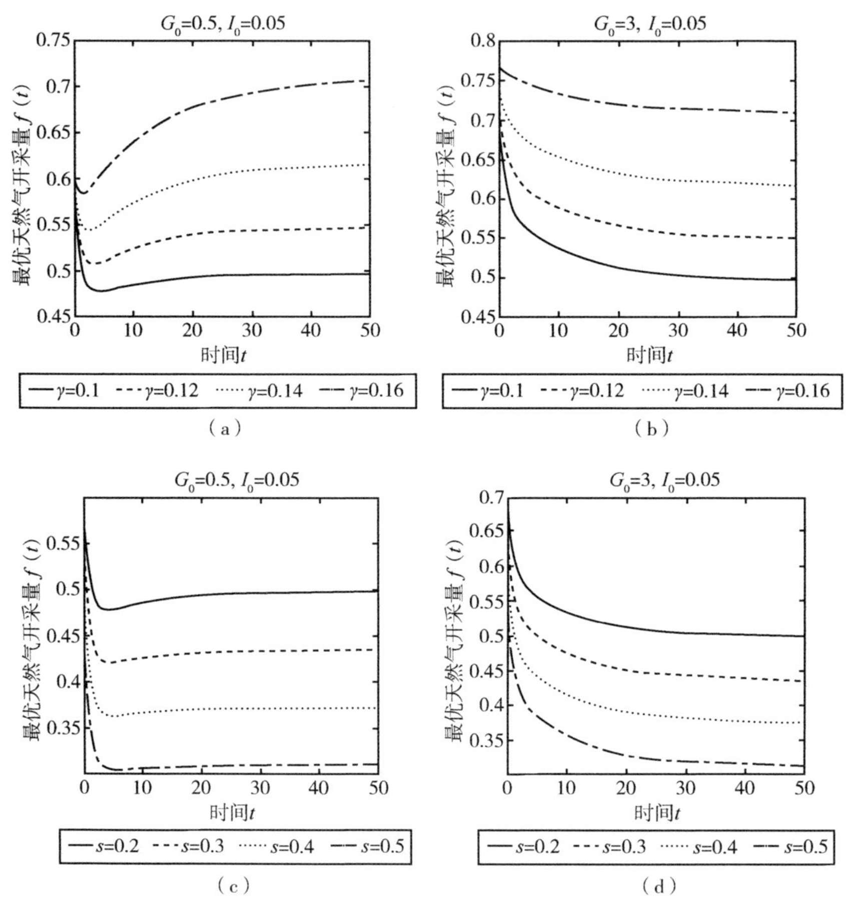

图5.3 初始储备不足时，需求基础设施弹性与出口价格对出口国最优决策的影响

由图5.3中的（a）和（c）可以看出，当初始天然气基础设施存量与初始天然气储备均面临不足时（$G_0=0.5$，$I_0=0.05$），最优天然气开采路径不再随时间呈单调性变化，而是呈现出先递减后递增的趋势，最终收敛至最优稳态水平。此外，还可以看出，天然气需求基础设施弹性的增大，会使得最优稳态天然气开采量增加且以更慢的收敛速度收敛至稳态水平；天然气出口价格的上升，会使得最优稳态天然气开采量减少。由图5.3中的（b）和（d）可以看出，当初始天然气基础设施存量面临过剩，且初始天然气储备面临不足时（$G_0=3$，$I_0=0.05$），最优天然气开采量随时间呈单调递减的趋势收敛至最优稳态水平。天然气需求基础设施弹性与天然气出口价格对最优稳态天然气开采量影响的结论均与初始天然气基础设施存量与初始天然气储备均面临不足的情形相同。

图5.4中的（a）~（d）展现了当出口国初始天然气储备面临过剩时（$I_0=0.2$），天然气需求基础设施弹性和天然气出口价格对最优天然气开采路径的影响。

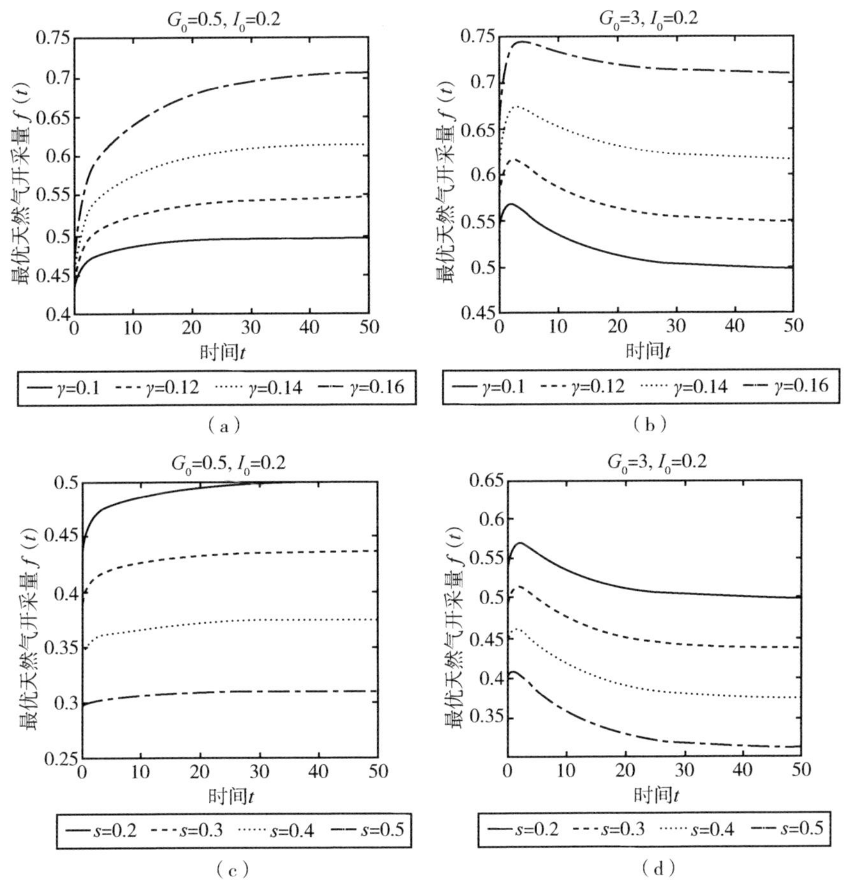

图5.4　初始储备过剩时，需求基础设施弹性与出口价格对出口国最优决策的影响

由图5.4中的（a）和（c）可以看出，当初始天然气基础设施存量面临不足，且初始天然气储备面临过剩时（$G_0=0.5$，$I_0=0.2$），最优天然气开采路径随时间的变化呈单调递增的趋势收敛至最优稳态水平。天然气需求基础设施弹性的增大，会使得最优稳态天然气开采量增加且以更慢的收敛速度收敛至稳态水平；天然气出口价格的上升，会使得出口国的最优稳态天然气开采量减少。

由图5.4中的（b）和（d）可以看出，当初始天然气基础设施存量与初始天然气储备均面临过剩时（$G_0=3$，$I_0=0.2$），出口国的最优天然气开采路径同样不再随时间的变化呈单调性变化，而是呈现出先递增后递减的趋势，最终收敛至最优稳态水平。天然气需求基础设施弹性与天然气出口价格对最优稳态天然气开采量影响的结论均与初始天然气基础设施存量与初始天然气储备面临不足的情形相同。

5.4.3 最优天然气出口价格分析

由定理5.5可知，存在最优稳态天然气出口价格，能够使得天然气出口国B获得的最优稳态效用达到最大。那么，是否存在一组最优稳态天然气出口价格，能够使得天然气出口国B的最优稳态效用、进口国A与出口国B的联合最优稳态效用达到最大？图5.5展现了最优稳态天然气出口价格的变化对进口国A、出口国B以及两国联合最优稳态效用带来的影响。

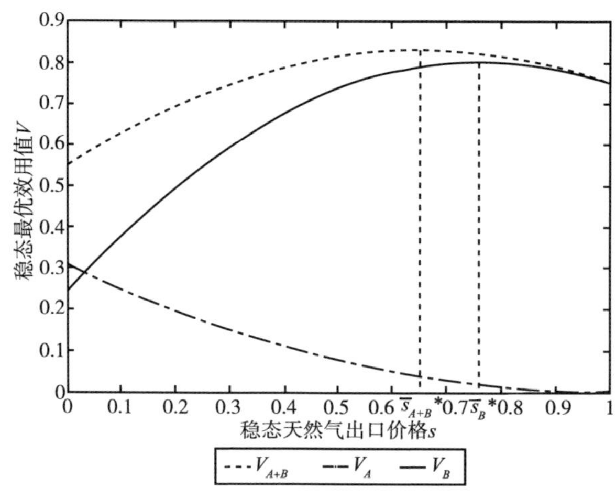

图5.5 稳态出口价格对稳态最优效用的影响

由图 5.5 可以看出，天然气出口国 B 的最优稳态效用与天然气出口价格之间存在倒“U”型关系，且在最优稳态天然气出口价格大约为 $\bar{s}_B^* = 0.76 < \frac{\alpha}{\beta}$时，其获得的最优稳态效用达到最大；天然气进口国 A 的最优稳态效用与天然气出口价格之间呈一条向下倾斜的曲线，它表明最优稳态天然气出口价越高，其获得的最优稳态效用越小；天然气进口国 A 与出口国 B 联合最优稳态效用与天然气出口价格之间同样呈倒“U”型曲线，且在最优稳态天然气出口价格大约为 $\bar{s}_{A+B}^* = 0.66 < \frac{\alpha}{\beta}$时，两国联合最优稳态效用达到最大。同时图 5.5 也表明，出口国 B 最优稳态效用最大时的天然气出口价格高于两国联合最优稳态效用最大时的天然气出口价格。

5.5　本章小结

本章在天然气进口国实施天然气基础设施建设，出口国实施天然气储备的框架下，构建了受进口国的天然气基础设施与出口国的天然气储备影响的天然气进出口动态博弈模型，分析了进口国天然气需求基础设施弹性、出口国制定的天然气出口价格分别对出口国与进口国最优决策路径的影响。通过研究，得出以下主要结论。

（1）天然气基础设施的增加（减少），使得天然气销售价格与基础设施投入增加，且它们的最优路径均随时间的变化呈单调递增（递减）的趋势收敛至稳态水平。

（2）当初始天然气基础设施存量面临过剩（不足），且初始天然气储备面临不足（过剩）时，最优天然气开采路径随时间的变化呈单调递减（递增）的趋势收敛至最优稳态水平；当初始天然气基础设施存量与初始天然气储备均面临不足（过剩）时，最优天然气开采路径将不再随时间的变化呈单调性的变化，而是呈现出先递减（递增）后递增（递减）的趋势，最终收敛至最优稳态水平。

（3）天然气需求基础设施弹性的增加，使得最优稳态天然气销售价格上升，最优稳态天然气基础设施投入增加，最优稳态天然气开采量也将增加；天然气出口价格的上升，使得最优稳态天然气销售价格上升，最优稳态天然气基础设施投入减少，最优稳态天然气开采量也减少。

（4）天然气出口国的最优稳态效用、天然气进出口两国联合最优稳态效用均与天然气出口价格之间呈倒“U”型的关系，并且前者达到最大值时的天然气出口价格。

6 出口供应安全影响下的天然气贸易博弈

6.1 概　述

上一章主要从天然气储备的视角，研究出口国在履行天然气贸易合约的同时，如何选择最优策略使其能够保障国内天然气供应安全。接下来本章将焦点从出口国国内天然气供应安全问题转向天然气出口供应安全问题。

天然气出口供应安全，是指出口国在天然气出口过程中防止天然气供气中断或无气可供等事件发生的状态（Agency，2004，2007）。它与进口供应安全的区别在于，出口供应安全主要由天然气出口国进行调控，其内容包括出口国对自然灾害或紧急事件的应变处理能力、出口国的天然气产量与出口量（Söderbergh，2009，2010），以及出口国对进口国的地缘政治等。如果天然气出口供应安全较脆弱，那么进口国通常将面临重大损失。例如，2006 年和 2009 年，俄罗斯两次切断经乌克兰对欧洲的天然气管道供应，导致欧洲各地天然气价格上升，东欧国家出现了一定程度上的天然气短缺；2014 年，埃及中断对约旦的天然气供应，导致约旦国家电力公司蒙受超过 45 亿美元的经济损失；2017 年 12 月，位于奥地利首都维也纳以东大约 50

公里处的奥地利油气集团（OMV）“鲍姆加滕天然气输气站”发生爆炸事故，致使意大利部分地区遭遇“断气”危机。同样，由于出口国与进口国之间的天然气贸易往往是以签订合约的方式为主，如果因经济、政治、军事以及自然灾害等因素造成天然气出口供应中断而导致无法履行合约，那么出口国也将遭受严重的损失。例如，由于俄罗斯天然气工业股份公司在过去的几年内未能向乌克兰提供商定数量的天然气，也未能向乌克兰支付其向该方向输送的天然气的全部过境费，斯德哥尔摩仲裁法院于 2018 年 2 月 28 日就乌克兰石油天然气公司与俄罗斯天然气工业股份公司的支付纠纷中裁定，乌克兰石油天然气公司胜诉，并下令俄罗斯天然气工业股份公司向乌克兰石油天然气公司支付 25.6 亿美元。以上事件表明，天然气出口供应安全应得到出口国的高度重视。

在已有的研究中，对天然气供应安全的研究内容集中在进口供应安全，即主要针对天然气进口供应安全的影响因素，保障天然气进口供应安全的具体措施等展开研究。但从上述分析中可以看出，天然气出口供应安全不仅影响进口国的利益，而且也影响到出口国自身利益，因而出口供应安全同样值得研究；对天然气基础设施的研究主要集中在基础设施运输天然气能力的评估、运输能力遇到瓶颈状况时的识别，以及运输交通拥堵的成本等问题，关于基础设施对天然气需求的研究相对较少。文章将出口供应安全进行量化，考虑出口供应安全、基础设施与需求量三者之间的相互影响，以及研究此背景下进出口两国的天然气贸易博弈问题，在一定程度上补充了现有研究的不足。为此，本章主要从以下方面进行研究。首先，构建了以出口国保障天然气供应安全，进口国实施天然气基础设施建设为框架的天然气进出口动态博弈模型，并运用最优控制理论（Sethi，2000），获得了进口国天然气销售价格与基础设施投入，以及出口国为保障天然气出口供应安全付出的努力等最优策略的显式解。其次，分析了天然气出口垄断市场和寡头竞争市场的最优天然气出口价格策略。最后，利用数值分析比较了两国最优策略与效用在不同市场的大小关系，并研究了主要参数变化对最优策略与效用的影响。

6.2 模型描述及相关假设

本章选择全球天然气贸易中，单个出口国和单个进口国组成的简单供应链系统为研究对象，研究出口国保障天然气出口供应安全、进口国加强天然气基础设施建设的问题，同时还考虑出口供应安全、基础设施与需求量三者之间的相互影响。一方面，出口国可通过提高天然气出口供应安全，增加天然气出口量而获得更多利益。另一方面，进口国则通过增建天然气基础设施，增加国内消费者的天然气需求量而获得更多利益。图 6.1 描述了两国双方的博弈决策过程。

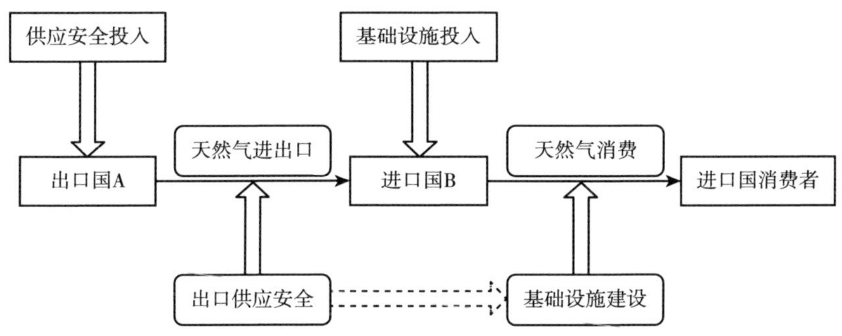

图 6.1　出口国和进口国的博弈决策过程

6.2.1 天然气需求函数

自俄罗斯 2006 年和 2009 年两次切断经乌克兰对欧洲的天然气管道供应以来，乌克兰在俄罗斯天然气出口市场中的进口需求量逐年下降。据俄罗斯燃料能源综合体中央调度局统计数据，乌克兰从俄罗斯进口的天然气已由 2013 年的 258 亿立方米，降至 2014 年的 145 亿立方米，2015 年骤降至 78 亿立方米（梁萌，2017）。2013 年，中缅管线建成通气，中亚管线扩容，LNG 接收站加快建设，使得我国天然气消费量大增。2012 年，中国天然气消费量为 1500 亿立方米，2013 年则增至 1650 亿立方米，增速位居各种能源之首。由此可见，进口国天然气需求量除了与国内销售价格等直接因素有关外，还与出口国的天然气出口供应安全以及进口国的天然气基础设施存量等间接因素有关。因此，本章假设进口国的天然气需求函数为：

$$D(t)=(\eta S(t)+\gamma G(t))(\alpha-\beta p(t)) \tag{6.1}$$

其中，$D(t)$ 表示进口国在 t 时刻的天然气需求量，$S(t)$ 表示出口国在 t 时刻的天然气出口供应安全，$p(t)$ 表示进口国在 t 时刻的天然气销售价格，$G(t)$ 表示进口国在 t 时刻的天然气基础设施存量。$\alpha>0$ 表示进口国对天然气的潜在需求量，$\beta>0$ 用于反映进口国的天然气需求价格弹性，$\eta>0$、$\gamma>0$ 分别表示天然气出口供应安全及其基础设施存量对天然气需求量的效率系数，也就是说，进口国对天然气出口供应安全及其基础设施的偏好程度。由式（6.1）可见，$\partial D^2(t)/\partial p(t)\partial S(t)<0$，$\partial D^2(t)/\partial p(t)\partial K(t)<0$。这表明天然气需求量对销售价格的敏感程度会随天然气出口供应安全的增加或天然气基础设施存量的增加而下降。也就是说，对进口国而言，如果天然气出口供应安全较高或基础设施存量足够多，那么其销售价格的重要性将下降。此外，为了使得式（6.1）有意义，还需满足 $D(t)>0$，$S(t)>0$ 和 $K(t)>0$，$p(t)\in\left[0,\ \frac{\alpha}{\beta}\right]$。

6.2.2 目标函数

进口国 A 实施天然气基础设施建设将耗费成本，假设进口国 A 的成本函数为（Liu，2015；Zhou，2017）：

$$C_A(t)=\frac{d}{2}x^2(t) \tag{6.2}$$

其中，$x(t)$ 表示进口国 A 在 t 时刻对天然气基础设施的投入，$d>0$ 表示基础设施投入的成本系数。从式（6.2）可以看出，基础设施建设的投入成本与投入之间呈二次函数关系，表明随着基础设施投入的增加，不仅其所耗费的总成本增加，而且其边际成本也随之增加。那么，进口国 A 为了追求效用最大化，其目标函数为：

$$V_A = \max_{p(t),x(t)}\int_0^{\infty} e^{-rt}\{(p(t)-w)(\eta S(t)+\gamma G(t))(\alpha-\beta p(t))-\frac{d}{2}x^2(t)\}\mathrm{d}t \tag{6.3}$$

其中，r 表示天然气贸易市场的贴现率，w 表示天然气出口价格。由于天然气贸易合约多采用长约方式，天然气出口价格通常不容易随时间的变化而变化，因此，假设天然气出口价格 w 是一个与时间 t 无关的外生变量。出口国 B 为保障天然气出口供应安全同样也将付出成本，同理，出口国 B 为保障天然气出口供应安全的成本函数为：

$$C_B(t)=\frac{g}{2}e^2(t) \tag{6.4}$$

其中，$e(t)$ 表示出口国 B 在 t 时刻为保障天然气出口供应安全付出的努力。这种努力包括增加天然气储备（林伯强，2010；焦建玲，2011；吴刚，2011），提高天然气产量，制定应急预案等措施（胡奥林，2008）。$g>0$ 表示努力的成本系数。同样，出口国 B 为了追求效用最大化，其目标函数为：

$$V_B = \max_{e(t)}\int_0^{\infty} e^{-rt}\left\{(w-\tilde{c})(\eta S(t)+\gamma G(t))(\alpha-\beta p(t))-\frac{g}{2}e^2(t)\right\}\mathrm{d}t \tag{6.5}$$

其中，$\tilde{c}$ 表示天然气开采和运输的单位成本。为了使模型简化，本章假设 $\tilde{c}=0$。

6.2.3 天然气出口供应安全及基础设施的动态约束

假设天然气出口供应安全的动态变化由两部分组成：一部分需要出口国 B 为保障出口供应安全而付出的努力；另一部分由于经济、政治、军事以及自然灾害等诸多因素的存在，会使得出口供应安全存在自然衰减，因此，本章的出口供应安全 $S(t)$ 动态变化关系为（Bertinelli，2014；Benchekroun，2016）：

$$\dot{S}(t)=e(t)-\sigma S(t), S(0)=S_0>0 \tag{6.6}$$

其中，σ 表示天然气出口供应安全的衰减率，S_0 表示出口国 B 的初始天然气出口供应安全。

通常，出口供应安全越高，进口国的天然气需求量越大，从而将推动其加强对天然气基础设施的建设。例如，2014 年 5 月底，中国石油天然气集团公司与俄罗斯天然气工业股份公司签署了为期 30 年、价值将达到 4000 亿美元的《中俄东线供气购销合同》，之后中石油便开始实施中国境内输气管道和储气库等配套基础设施建设。对我国来说，合同的签订在一定程度上意味着出口供应安全的提高，从而推动了我国加强基础设施建设。因此，本章还假设进口国 A 的基础设施存量 $G(t)$ 的动态变化关系表示为（Cayrade，2004）：

$$\dot{G}(t)=x(t)+\theta S(t)-\delta G(t), G(0)=G_0>0 \tag{6.7}$$

其中，δ 表示天然气基础设施的折旧率，G_0 表示进口国 A 的初始天然气基础设施存量，$\theta>0$ 可用于反映天然气出口供应安全对基础设施建设的边际贡献。

因此，结合式（6.1）~式（6.7）组成的动态关系式，本章构建了一个关于天然气进口国 A 与出口国 B 的动态微分博弈模型，模型如下：

$$\max_{p(t),x(t)}\int_0^{\infty}e^{-rt}\left\{(p(t)-w)(\eta S(t)+\gamma G(t))(\alpha-\beta p(t))-\frac{d}{2}x^2(t)\right\}dt$$

$$\max_{e(t)}\int_0^{\infty}e^{-rt}\left\{w(\eta S(t)+\gamma G(t))(\alpha-\beta p(t))-\frac{g}{2}e^2(t)\right\}dt$$

$$\text{s.t. } \dot{S}(t)=e(t)-\sigma S(t), S(0)=S_0>0$$

$$\dot{G}(t)=x(t)+\theta S(t)-\delta G(t), G(0)=G_0>0 \tag{6.8}$$

由式（6.8）可知，两国的动态博弈问题实质上也是一个双方最优控制问题。天然气销售价格 $p(t)$、基础设施投入 $x(t)$ 为进口国 A 的决策变量，为保障天然气出口供应安全付出的努力 $e(t)$ 为出口国 B 的决策变量，天然气出口供应安全 $S(t)$ 和基础设施存量 $G(t)$ 为双方共同的状态变量。对式（6.8）动态博弈模型进行求解，可得到最优解的显式表达式，相关性质如以下定理 6.1 ~ 定理 6.4 所述。

6.3 模型求解

定理 6.1 进口国的最优天然气销售价格、基础设施投入以及出口国为保障天然气出口供应安全付出的最优努力分别为：

$$p^* = \frac{\alpha + \beta w}{2\beta} \tag{6.9}$$

$$x^* = \frac{\gamma(\alpha - \beta w)^2}{4d\beta(r+\delta)} \tag{6.10}$$

$$e^* = \frac{w(\alpha - \beta w)}{2g(r+\sigma)}\left(\eta + \frac{\gamma\theta}{r+\delta}\right) \tag{6.11}$$

证明：满足式（6.8）的汉密尔顿（Hamilton）函数分别为：

$$\begin{aligned} H_A = &(p(t) - w)(\eta S(t) + \gamma G(t))(\alpha - \beta p(t)) - \frac{d}{2}x^2(t) + \lambda_{A1}(t)(e(t) \\ &- \sigma S(t)) + \lambda_{A2}(t)(x(t) + \theta S(t) - \delta G(t)) \end{aligned} \tag{6.12}$$

$$\begin{aligned} H_B = &w(\eta S(t) + \gamma G(t))(\alpha - \beta p(t)) - \frac{g}{2}e^2(t) + \lambda_{B1}(t)(e(t) \\ &- \sigma S(t)) + \lambda_{B2}(t)(x(t) + \theta S(t) - \delta G(t)) \end{aligned} \tag{6.13}$$

其中，$\lambda_{A1}(t)$ 和 $\lambda_{B1}(t)$，$\lambda_{A2}(t)$ 和 $\lambda_{B2}(t)$ 为两组关联变量，其经济含义分别为天然气出口供应安全 S 和基础设施存量 G 的影子价格。由式（6.12）可知，天然气销售价格 $p(t)$ 作为进口国的决策变量只出现在目标函数中，并未出现在动态约束方程中。因此，要满足式（6.12）取得最大值，由最大化一阶偏导数条件可得：

$$p(t)=p^*=\frac{\alpha+\beta w}{2\beta} \tag{6.14}$$

由式（6.12）、式（6.13）可得到关于 $x(t)$、$e(t)$ 的最大化一阶偏导数条件，分别为：

$$\lambda_{A2}(t)=dx(t) \tag{6.15}$$

$$\lambda_{B1}(t)=ge(t) \tag{6.16}$$

由 Hamilton 函数可得到关于 $G(t)$、$S(t)$ 的关联方程，分别为：

$$\dot{\lambda}_{A2}(t)=r\lambda_{A2}(t)-\frac{\partial H_A}{\partial G(t)}=(r+\delta)\lambda_{A2}(t)-\gamma(p(t)-w)(\alpha-\beta p(t)) \tag{6.17}$$

$$\dot{\lambda}_{B2}(t)=r\lambda_{B2}(t)-\frac{\partial H_B}{\partial G(t)}=(r+\delta)\lambda_{B2}(t)-w\gamma(\alpha-\beta p(t)) \tag{6.18}$$

$$\dot{\lambda}_{B1}(t)=r\lambda_{B1}(t)-\frac{\partial H_B}{\partial S(t)}=(r+\sigma)\lambda_{B1}(t)-\theta\lambda_{B2}(t)-w\eta(\alpha-\beta p(t)) \tag{6.19}$$

关联变量还需满足的横截条件为：

$$\lim_{t\to\infty}e^{-rt}\lambda_{i,j}(t)=0,\quad i=A,B\quad j=1,2 \tag{6.20}$$

分别解微分方程式（6.17）、微分方程式（6.18），再联立横截条件式（6.20）可得：

$$\lambda_{A2}=\frac{\gamma\ (\alpha-\beta w)^2}{4\beta(r+\delta)} \tag{6.21}$$

$$\lambda_{B2}=\frac{w\gamma(\alpha-\beta w)}{2(r+\delta)} \tag{6.22}$$

将式（6.22）代入式（6.19），再联立横截条件式（6.20）可得：

$$\lambda_{B1}=\frac{w(\alpha-\beta)}{2(r+\delta)}\left(\eta+\frac{\gamma\theta}{r+\delta}\right) \tag{6.23}$$

将式（6.21）代入式（6.15），式（6.23）代入式（6.16），定理 6.1 得证。

定理 6.1 表明，两国的最优策略路径均与时间无关。另外，由定理 6.1

可见，天然气出口价格越高，其销售价格将越高。天然气销售价格的上升通常会导致其需求量的下降，从而使得进口国减少对天然气基础设施的投入。当天然气出口价格 $w \in \left(0, \frac{\alpha}{2\beta}\right]$ 时，出口国为保障天然气出口供应安全付出的努力将递增；当 $w \in \left(\frac{\alpha}{2\beta}, \frac{\alpha}{\beta}\right]$ 时，出口国付出的努力将递减。这一结论表明，并非出口国制定天然气出口价格越高，其天然气出口供应安全越高。

定理 6.2 出口国的天然气出口供应安全与进口国的基础设施存量的最优动态路径分别为：

$$S(t) = \overline{S} + (S_0 - \overline{S})e^{-\sigma t} \tag{6.24}$$

$$G(t) = \overline{G} + \frac{\theta}{\delta - \sigma}(S_0 - \overline{S})e^{-\sigma t} + \left(G_0 - \overline{G} - \frac{\theta}{\delta - \sigma}(S_0 - \overline{S})\right)e^{-\delta t} \tag{6.25}$$

其中，$\overline{G} = \frac{\alpha - \beta w}{2\delta}\left(\frac{w\eta\theta}{g\sigma(r+\sigma)} + \frac{w\gamma\theta^2}{g\sigma(r+\sigma)(r+\delta)} + \frac{\gamma(\alpha - \beta w)}{2d\beta(r+\delta)}\right)$，$\overline{S} = \frac{w(\alpha - \beta w)}{2g\sigma(r+\sigma)}\left(\eta + \frac{\gamma\theta}{r+\delta}\right)$。

证明：联立式（6.6）、式（6.11）可得关于 $S(t)$ 的一阶线性微分方程为：

$$\dot{S}(t) + \sigma S(t) = \frac{w(\alpha - \beta)}{2g(r+\delta)}\left(\eta + \frac{\gamma\theta}{r+\delta}\right) \tag{6.26}$$

解微分方程式（6.26）可得式（6.24）。

联立式（6.7）、式（6.10）和式（6.24），可得关于 $G(t)$ 的一阶线性微分方程为：

$$\dot{G}(t) = \frac{\gamma(\alpha - \beta w)^2}{4d\beta(r+\delta)} + \overline{\theta S} + \theta(S_0 - \overline{S})e^{-\sigma t} - \delta G(t) \tag{6.27}$$

解微分方程式（6.27）可得式（6.25），定理 6.2 得证。

定理 6.2 中，$\overline{S}$ 和 $\overline{G}$ 分别表示稳态下的天然气出口供应安全与基础设施存量。由式（6.24）可知，出口国天然气出口供应安全的最优动态路径变化趋势取决于其初始值与稳态值之间的差距。当初始值小于稳态值时，天然气出口供应安全将随时间的变化逐渐递增至它的最优稳态水平；反之，它则随时间的变化逐渐递减至最优稳态水平。然而，由式（6.25）可见，进口国天然气基础设施存量的最优动态路径变化趋势不仅取决于其初始值与稳态值之间的差距，还与出口国的初始天然气出口供应安全与其稳态值之间的差距有关。具体变化情形见定理6.3所述。

定理6.3 在$\delta>\sigma$的情形下，（i）当$S_0>\bar{S}$且$G_0\geqslant\bar{G}+\frac{\theta}{\delta-\sigma}(S_0-\bar{S})$时，$\frac{\partial G(t)}{\partial t}<0$；当$S_0>\bar{S}$且$G_0<\bar{G}+\frac{\theta}{\delta-\sigma}(S_0-\bar{S})$时，存在唯一的$t^*>0$，使得$t\in(0,t^*]$时，$\frac{\partial G(t)}{\partial t}>0$，$t\in(t^*,\infty)$时，$\frac{\partial G(t)}{\partial t}<0$。（ii）当$S_0<\bar{S}$且$G_0>\bar{G}+\frac{\theta}{\delta-\sigma}(S_0-\bar{S})$时，存在唯一的$t^*>0$，使得$t\in(0,t^*]$时，$\frac{\partial G(t)}{\partial t}<0$，$t\in(t^*,\infty)$时，$\frac{\partial G(t)}{\partial t}>0$；当$S_0<\bar{S}$且$G_0\leqslant\bar{G}+\frac{\theta}{\delta-\sigma}(S_0-\bar{S})$时，$\frac{\partial G(t)}{\partial t}>0$。$\delta<\sigma$的情形下的推导与$\delta>\sigma$的情形类似。

证明：式（6.25）对t求偏导数可得：

$$\frac{\partial G(t)}{\partial t}=-\frac{\theta\sigma}{\delta-\sigma}(S_0-\bar{S})e^{-\sigma t}-\delta\left(G_0-\bar{G}-\frac{\theta}{\delta-\sigma}(S_0-\bar{S})\right)e^{-\delta t}\quad(6.28)$$

令$\frac{\partial G(t)}{\partial t}=0$，解得：

$$t^*=\frac{\ln\left(\frac{\theta\delta(S_0-\bar{S})-\delta(\delta-\sigma)(G_0-\bar{G})}{\theta\sigma}\right)}{\delta-\sigma}\quad(6.29)$$

所以，定理6.3（i）和（ii）成立。定理6.3得证。

定理6.3表明，在天然气基础设施折旧率大于天然气出口供应安全衰减率的情形下，当初始天然气出口供应安全与初始天然气基础设施存量均较高（较低）时，天然气基础设施存量的最优路径将呈递减（递增）趋势收敛至稳态水平；当初始天然气出口供应安全较高（较低），且初始天然气基础设施存量较低（较高）时，天然气基础设施存量的最优路径将呈先递增

（递减）后递减（递增）趋势，直至收敛于稳态水平。同理，天然气基础设施折旧率小于天然气出口供应安全衰减率的情形下的结论与之类似，此处不再赘述。

定理 6.4 在稳态均衡下，（i）当 $w \in \left(0, \frac{\alpha}{2\beta}\right]$ 时，$\frac{\partial \overline{S}}{\partial w} > 0$；当 $w \in \left(\frac{\alpha}{2\beta}, \frac{\alpha}{\beta}\right]$ 时，$\frac{\partial \overline{S}}{\partial w} < 0$。（ii）在 $b_1 \leqslant b_2\beta$ 情形下，当 $w \in \left(0, \frac{\alpha(b_1 - 2b_2\beta)}{2\beta(b_1 - b_2\beta)}\right]$ 时，$\frac{\partial \overline{G}}{\partial w} < 0$；当 $w \in \left(\frac{\alpha(b_1 - 2b_2\beta)}{2\beta(b_1 - b_2\beta)}, \frac{\alpha}{\beta}\right]$ 时，$\frac{\partial \overline{G}}{\partial w} > 0$。（iii）在 $b_2\beta \leqslant b_1 \leqslant 2b_2\beta$ 情形下，对任意 $w \in \left(0, \frac{\alpha}{\beta}\right]$，$\frac{\partial \overline{G}}{\partial w} < 0$。（iv）在 $b_1 \geqslant 2b_2\beta$ 情形下，当 $w \in \left(0, \frac{\alpha(b_1 - 2b_2\beta)}{2\beta(b_1 - b_2\beta)}\right]$ 时，$\frac{\partial \overline{G}}{\partial w} > 0$；当 $w \in \left(\frac{\alpha(b_1 - 2b_2\beta)}{2\beta(b_1 - b_2\beta)}, \frac{\alpha}{\beta}\right]$ 时，$\frac{\partial \overline{G}}{\partial w} < 0$。其中，$b_1 = \frac{\theta}{2g\delta\sigma(r+\delta)}\left(\eta + \frac{\gamma\theta}{r+\delta}\right) > 0$，$b_2 = \frac{\gamma}{4d\beta\delta(r+\delta)} > 0$。

证明： 由 $\overline{S}$ 的表达式可得：

$$\frac{\partial \overline{S}}{\partial w} = \frac{\alpha - 2\beta w}{2g\sigma(r+\delta)}\left(\eta + \frac{\gamma\theta}{r+\delta}\right) \tag{6.30}$$

显然，由式（6.30）可知，定理6.4（i）成立。

首先，$\overline{G}$ 的表达式可改写为：

$$\overline{G} = b_1 w(\alpha - \beta w) + b_2(\alpha - \beta w)^2 \tag{6.31}$$

其中，$b_1 = \frac{\theta}{2g\delta\sigma(r+\delta)}\left(\eta + \frac{\gamma\theta}{r+\delta}\right)$，$b_2 = \frac{\gamma}{4d\beta\delta\ (r+\delta)}$。然后，可令：

$$\frac{\partial \overline{G}}{\partial w} = \alpha(b_1 - 2b_2\beta) - 2\beta(b_1 - b_2\beta)w = 0 \tag{6.32}$$

解得 $w = \frac{\alpha\ (b_1 - 2b_2\beta)}{2\beta\ (b_1 - b_2\beta)}$，定理6.4（ii）（iii）（iv）成立。定理6.4得证。

定理6.4（i）表明，随着天然气出口价格 w 上升，稳态下的天然气出口供应安全 $\overline{S}$ 将呈现出先递增后递减的趋势，并且 $w = \frac{\alpha}{2\beta}$ 时的天然气出口供应

安全 $\overline{S}$ 达到最高。这是因为稳态下的天然气出口供应安全的变化情况完全取决于出口国为保障天然气出口供应安全付出的努力，只有当 $w=\frac{\alpha}{2\beta}$时，出口国付出的努力 e^* 最大，从而天然气出口供应安全 $\overline{S}$ 才能达到最高。定理 6.4（ii）~（iv）表明，随着天然气出口价格 w 的上升，稳态下的天然气基础设施存量 $\overline{G}$ 将根据不同的参数取值范围呈现出不同的变化趋势。这是因为稳态下的天然气基础设施存量的变化情况不仅取决于进口国对基础设施的投入，还与出口国的天然气出口供应安全有关。天然气出口价格 w 的上升，虽然会使得进口国对天然气基础设施的投入 x^* 减少，但同时也可能增加出口国的天然气出口供应安全 $\overline{S}$，因此，在一负一正的相互作用下，定理 6.4（ii）~（iv）是比较合理的。另外，从定理 6.4 还可以发现，$\theta=0$ 意味着天然气出口供应安全对基础设施建设无影响，由于此时天然气出口价格 w 的上升，只会使得进口国减少基础设施建设的投入 x^*，那么由（ii）可知，稳态下的天然气基础设施存量 $\overline{G}$ 将始终随出口价格上升而减少。

由于我们已经获得了两国的最优策略以及天然气出口供应安全与基础设施存量最优路径的显式表达式，从而可以进一步从定量的角度分析出口国的天然气定价对两国效用水平的影响，由式（6.8）分别可得：

$$V_A(w)=\frac{(\alpha-\beta w)^2}{4\beta}\left(\frac{S_0}{r+\sigma}\left(\eta+\frac{\gamma\theta}{r+\delta}\right)+\frac{\gamma G_0}{r+\delta}\right)+\frac{\gamma^2(\alpha-\beta w)^4}{32d\beta^2 r(r+\delta)^2}+\frac{w(\alpha-\beta w)^3}{8g\beta r(r+\sigma)^2}\left(\eta+\frac{\gamma\theta}{r+\delta}\right)^2 \tag{6.33}$$

$$V_B(w)=\frac{w(\alpha-\beta w)}{2}\left(\frac{S_0}{r+\sigma}\left(\eta+\frac{\gamma\theta}{r+\delta}\right)+\frac{\gamma G_0}{r+\delta}\right)+\frac{\gamma^2 w(\alpha-\beta w)^3}{8d\beta r(r+\delta)^2}+\frac{w^2(\alpha-\beta w)^2}{8g\beta r(r+\sigma)^2}\left(\eta+\frac{\gamma\theta}{r+\delta}\right)^2 \tag{6.34}$$

由式（6.33）、式（6.34）可以看出，两国的效用值是关于天然气出口价格的函数，下一节我们将根据不同天然气市场的特征，对出口国的天然气出口价格展开研究。

6.4 最优天然气出口价格策略

6.4.1 出口垄断市场的最优价格策略

假设在天然气贸易市场上，某出口国对进口国拥有出口垄断地位。例如，在2018年初，俄罗斯天然气工业股份公司发布数据称，2017年该公司向非独联体国家供气1939亿立方米，比2016年同期上升8.1%，刷新历史纪录。欧洲一直是俄罗斯最重要的天然气出口市场。根据俄罗斯天然气工业股份公司的数据，2017年，俄罗斯向德国出口天然气534亿立方米，对奥地利、捷克、斯洛伐克、荷兰和丹麦的供气份额也出现不同程度的增长，其中，对奥地利供气增幅达40%。因此，本章将视为俄罗斯在欧洲天然气市场中拥有出口垄断地位，那么进口国便只是价格的接受者（Yang & Zhang，2016）。在此情形下，出口国将制定最优天然气出口价格，使其获得的效用最大；而进口国作为价格接受者，只能依据既定的天然气出口价格获得效用。此时最优天然气出口价格的相关性质如定理6.5所述。

定理6.5 （i）存在唯一的 $w^N \in \left[\frac{\alpha}{4\beta}, \frac{\alpha}{2\beta}\right]$，使得出口国获得的效用达到最大；（ii）存在一个区间$\left(w^N, \frac{\alpha}{\beta}\right)$，使得两国获得的效用均在此区间内呈递减趋势。

证明： 式（6.33）、式（6.34）可分别改写为：

$$V_A(w) = A(\alpha - \beta w)^2 + B(\alpha - \beta w)^4 + Cw(\alpha - \beta w)^3 \tag{6.35}$$

$$V_B(w) = 2A\beta w(\alpha - \beta w) + 4B\beta w(\alpha - \beta w)^3 + C\beta w^2(\alpha - \beta w)^2 \tag{6.36}$$

其中，$A = \frac{1}{4\beta}\left(\frac{S_0}{r+\sigma}\left(\eta + \frac{\gamma\theta}{r+\delta}\right) + \frac{\gamma G_0}{r+\delta}\right)$，$C = \frac{1}{8g\beta r(r+\sigma)^2}\left(\eta + \frac{\gamma\theta}{r+\delta}\right)^2$，$B = \frac{\gamma^2}{32d\beta^2 r(r+\delta)^2}$。

由式（6.36）可得：

$$\frac{\partial V_B(w)}{\partial w}=2A\beta(\alpha-2\beta w)+4B\beta(\alpha-\beta w)2(\alpha-4\beta w)+2C\beta w(\alpha-\beta w)(\alpha-2\beta w) \quad (6.37)$$

$$\frac{\partial^2 V_B(w)}{\partial w^2}=-4A\beta^2-24B\beta^2(\alpha-\beta w)(\alpha-2\beta w)+2C\beta((\alpha-\beta w)(\alpha-4\beta w)-\beta w(\alpha-2\beta w)) \quad (6.38)$$

由式（6.37）可知，当 $w\in\left(0,\ \frac{\alpha}{4\beta}\right]$时，$\frac{\partial V_B(w)}{\partial w}>0$；当 $w\in\left[\frac{\alpha}{2\beta},\ \frac{\alpha}{\beta}\right]$时，$\frac{\partial V_B(w)}{\partial w}<0$。这表明在 $w\in\left(0,\ \frac{\alpha}{4\beta}\right]$上，$V_B(w)$ 单调递增；在 $w\in\left[\frac{\alpha}{2\beta},\ \frac{\alpha}{\beta}\right]$上，$V_B(w)$ 单调递减。因此，运用中值定理可推断出，一定存在 $w^N\in\left[\frac{\alpha}{4\beta},\ \frac{\alpha}{2\beta}\right]$，使得$\frac{\partial V_B(w^N)}{\partial w}=0$。再由式（6.38）可知，当 $w\in\left[\frac{\alpha}{4\beta},\ \frac{\alpha}{2\beta}\right]$时，$\frac{\partial^2 V_B(w)}{\partial w^2}<0$。这表明在 $w\in\left[\frac{\alpha}{4\beta},\ \frac{\alpha}{2\beta}\right]$上，$V_B$（$w$）是开口向下的凹函数，并且 w^N 是唯一的。因此，存在一个区间$\left(w^N,\ \frac{\alpha}{\beta}\right)$，$V_B(w)$ 单调递减。

由式（6.35）可得：

$$\frac{\partial V_A(w)}{\partial w}=-2A\beta(\alpha-\beta w)+4B\beta(\alpha-\beta w)^3+C(\alpha-\beta w)^2(\alpha-4\beta w) \quad (6.39)$$

由式（6.39）可知，当 $w\in\left[\frac{\alpha}{4\beta},\ \frac{\alpha}{\beta}\right]$时，$\frac{\partial V_A(w)}{\partial w}<0$。这表明在 $w\in\left[\frac{\alpha}{4\beta},\ \frac{\alpha}{\beta}\right]$上，$V_A(w)$ 单调递减。又因为 $w^N\in\left[\frac{\alpha}{4\beta},\ \frac{\alpha}{2\beta}\right]$，所以同样存在一个区间$\left(w^N,\ \frac{\alpha}{\beta}\right)$，$V_A(w)$ 单调递减。定理 6.5 得证。

定理 6.5 表明，在出口垄断市场上，出口国获得的效用先随天然气出口价格的上升而增加，然后随天然气出口价格的上升而减小，当出口价格为 w^N

时，其效用达到最大。其原因在于，出口国制定的天然气出口价格实质上对其获得的效用存在着正面与负面两种效应。正面效应是因为天然气出口价格的上升能够提高其单位收益；而负面效应是因为天然气出口价格的上升，使得进口国的天然气销售价格上升，天然气基础设施的投入减少，从而天然气进口量的减少导致出口国获得的效用减少。

6.4.2 寡头竞争市场的最优价格策略

如果天然气贸易市场存在少数几个出口国，那么这些出口国之间便形成了寡头竞争关系，同时进口国将面临多种天然气进口源的选择。在此情形下，我们假设出口国可以选择与进口国进行合作或者议价两种方式进行天然气出口定价。下面将针对这两种定价方式下的最优天然气出口价格进行求解分析。

（1）合作下的最优价格策略。在出口国与进口国进行合作的情形下，出口国将制定一个最优天然气出口价格，使得两国的联合效用达到最大。由式（6.33）、式（6.34）可得到关于两国联合效用的表达式如下：

$$\begin{aligned} V_{A+B}(w) &= V_A(w) + V_B(w) \\ &= \frac{\alpha^2 - \beta^2 w^2}{4\beta}\left(\frac{S_0}{r+\sigma}\left(\eta + \frac{\gamma\theta}{r+\delta}\right) + \frac{\gamma G_0}{r+\delta}\right) \\ &\quad + \frac{\gamma^2 (\alpha - \beta w)^3 (\alpha + 3\beta w)}{32 d\beta^2 r (r+\delta)^2} + \frac{\alpha w^2 (\alpha - \beta w)^2}{8 g\beta r (r+\sigma)^2}\left(\eta + \frac{\gamma\theta}{r+\delta}\right)^2 \end{aligned} \quad (6.40)$$

定理 6.6 存在唯一的 $w^C \in \left[0, \frac{\alpha}{3\beta}\right]$ 且 $w^C \in [0, w^N]$，使得两国的联合效用达到最大。

证明：式（6.40）可改写为：

$$V_{A+B}(w) = A(\alpha^2 - \beta^2 w^2) + B(\alpha - \beta w)^3(\alpha + 3\beta w) + C\alpha w^2 (\alpha - \beta w)^2 \quad (6.41)$$

由式（6.41）可得：

$$\frac{\partial V_{A+B}(w)}{\partial w} = -2A\beta^2 w - 12B\beta^2 (\alpha - \beta w)^2 w + C\alpha(\alpha - \beta w)(\alpha - 3\beta w) \quad (6.42)$$

式（6.42）表明，$\frac{\partial V_{A+B}(0)}{\partial w}=C\alpha^3>0$，且当 $w\in\left[\frac{\alpha}{3\beta},\ \frac{\alpha}{\beta}\right]$时，$\frac{\partial V_{A+B}(0)}{\partial w}<0$。同理，运用中值定理可推断出，一定存在 $w^C\in\left[0,\ \frac{\alpha}{3\beta}\right]$，使得 $\frac{\partial V_{A+B}(w^C)}{\partial w}=0$。然后，再根据式（6.42）可得：

$$\frac{\partial^2 V_{A+B}(w)}{\partial w^2}=-2A\beta^2-12B\beta^2(\alpha-\beta w)(\alpha-3\beta w)-2C\alpha\beta(2\alpha-3\beta w) \tag{6.43}$$

式（6.43）表明，当 $w\in\left[0,\ \frac{\alpha}{3\beta}\right]$时，$\frac{\partial^2 V_{A+B}(w)}{\partial w^2}<0$。因此，可推断出 w^C 是唯一的。由于定理 6.5 已经证明存在区间$\left(w^N,\ \frac{\alpha}{\beta}\right)$，使得 $V_A(w)$ 和 $V_B(w)$ 均单调递减，因此，还可推断出 $w^C\in[0,\ w^N]$。定理6.6 得证。

定理6.6 表明，在合作情形下，随着天然气出口价格越高，两国联合效用将呈先递增后递减的变化趋势，同时也存在唯一的天然气出口价格 w^C 使得联合效用达到最大。此外，由定理 6.6 可知，在合作情形下，出口国的天然气出口定价要低于出口垄断市场。这是因为在出口垄断市场上，出口国只需考虑自身利益的最大化来进行定价，但是一旦与进口国建立了合作关系，为了使联合效用达到最大，它将牺牲自身的一些利益，所以此时的出口价格应低于出口垄断市场。

（2）议价下的最优价格策略。由于进口国拥有多种天然气进口源选择，因此，它具备了与出口国议价的资格，那么此时的博弈便演化成一个纳什议价博弈问题。鉴于纳什议价博弈问题的复杂性，为了能够分析纳什议价博弈下天然气出口定价的相关性质，下面将直接利用纳什议价模型的相关结论进行推导（Nash，1950；Feng，2013）。

首先，纳什议价模型需满足一个假设条件，即出口国与进口国在某天然气市场上具有同等的议价能力（Balasubramanian，2004）。然后定义一个新的效用组合，即 $\tilde{V}_A$ 和 $\tilde{V}_B$。它们表示的是，当两国在议价之后仍然无法达成交易时双方各自获得的效用。在本章中，如果两国无法达成交易，那么它们各自获得的效用为0，即 $\tilde{V}_A = \tilde{V}_B = 0$。此外，我们还定义另一种效用 $V_{A\times B}(w)$，下面将简称为纳什效用。因此，基于以上关于纳什议价模型的描述与假设，可得到天然气出口价格与纳什效用的关系表达式如下：

$$\max V_{A\times B}(w) = (V_A(w) - \tilde{V}_A(w))(V_B(w) - \tilde{V}_B(w)) = V_A(w)V_B(w)$$

$$s.t\ 0 \leqslant w \leqslant \frac{\alpha}{\beta} \tag{6.44}$$

定理 6.7 存在一个 $w^G \in \left[0,\ \frac{\alpha}{2\beta}\right]$ 且 $w^G \in [0,\ w^N]$，使得纳什效用达到最大。

证明：联立式（6.33）、式（6.34）可得：

$$V_{A\times B}(w) = (A(\alpha-\beta w)^2 + B(\alpha-\beta w)^4 + Cw(\alpha-\beta w)^3) \times (2A\beta w(\alpha-\beta w) + 4B\beta w(\alpha-\beta w)^3 + C\beta w^2(\alpha-\beta w)^2) \tag{6.45}$$

由式（6.45）可得：

$$\frac{\partial V_{A\times B}(w)}{\partial w} = -\beta(\alpha-\beta w)^2\begin{pmatrix}(32B^2\beta^5 - 40CB\beta^4 + 8C^2\beta^3)w^5 \\ -(132B^2\alpha\beta^4 - 130B\alpha C\beta^3 + 19C^2\alpha\beta^2)w^4 \\ +(36\beta^3BA + 208\beta^3B^2\alpha^2 - 150\beta^2B\alpha^2C - 18\beta^2CA + 14C^2\alpha^2\beta)w^3 \\ -(152\beta^2B^2A^3 + 78\beta^2A\alpha B - 24\beta A\alpha C - 70\beta B\alpha^3C + 3C^2\alpha^3)w^2 \\ +(48\beta A\alpha^2B + 8\beta A^2 + 48\beta B^2\alpha^4 - 6A\alpha^2C - 10B\alpha^4C)w \\ -2A\alpha^2 - 6A\alpha^3B - 4B^2\alpha^5\end{pmatrix} \tag{6.46}$$

由式（6.46）可知，$\frac{\partial V_{A\times B}(0)}{\partial w} = 2\alpha^3\beta(A + 2B\alpha^2)(A + B\alpha^2) > 0$，

$\frac{\partial V_{A\times B}\left(\frac{\alpha}{2\beta}\right)}{\partial w} = -\frac{\alpha^3}{64\beta}(12\beta^2B^2\alpha^4 + 10\beta B\alpha^4C + C^2\alpha^4 + 48\beta^2A\alpha^2B + 12\beta A\alpha^2C +$

$32\beta^2A^2) < 0$。运用中值定理可推断出，至少存在一个 $w^G \in \left[0, \frac{\alpha}{2\beta}\right]$，使得 $\frac{\partial V_{A\times B}(w^G)}{\partial w} = 0$。同理，可推断出 $w^G \in [0, w^N]$。定理6.7得证。

定理6.7表明，在议价情形下，同样存在一个最优天然气出口价 w^G，能够使得纳什效用达到最大，并且该出口价格同样低于出口垄断市场的出口价格。由于纳什效用的表达式（6.45）较为复杂，我们难以证明此时最优出口价格的唯一性，因此，下一节将通过数值模拟的方法进行分析。

由定理6.6和定理6.7可知，两国不管是在合作情形还是议价情形下，均存在一个最优天然气出口价格使得效用达到最大，且它们的出口价格均低于出口垄断市场。然而，我们却无法获得最优出口价格的显式解，从而无法对这两种贸易方式下的最优策略与效用进行比较。因此，下一节本章将通过数值模拟对其进行分析。

6.5 数值分析

上一节我们分析了出口国在不同市场的天然气出口定价策略，这一节将采用数值仿真方法，分析主要参数对两国最优策略和最优效用的影响，以及对三种情形下的最优策略和最优效用进行比较。因为关于“天然气贸易”的许多关键信息属于国家重要信息，我们难以获得“天然气贸易”各参数的具体取值，所以我们将天然气看作一般商品进行处理。借鉴埃里克森（Erickson，2011）和德·乔瓦尼（De Giovanni，2011）的研究，数值分析中的基准参数取值为 $\alpha=5$，$\beta=1$，$\gamma=0.1$，$\eta=0.2$，$\theta=0.1$，$\delta=0.2$，$\sigma=0.1$，$d=1$，$g=1$，$r=0.3$，$S_0=1$，$G_0=1$。

6.5.1 天然气出口价格对最优效用的影响

由图6.2可以看出，天然气出口国的效用 V_B、两国联合效用 V_{A+B} 以及纳

什效用 $V_{A\times B}$ 均与天然气出口价格之间呈倒“U”型关系。当天然气出口价格分别达到 w^N、w^C 和 w^G 时，它们各自获得的效用达到最大，且存在 $w^C < w^G < w^N$。另外，从图 6.2 还可以发现 $w^N < \frac{\alpha}{2\beta}$，这一结论与定理 6.5 保持一致。其原因可用以下机制进行解释：由定理 6.1 可知，当 $w = \frac{\alpha}{2\beta}$时，恰好出口国为保障天然气出口供应安全付出的努力达到最大，此时如果出口国下调天然气出口价格，尽管它获得的单位收益下降，但由于进口国天然气销售价格下降，会增加它的天然气出口量，而且它的努力成本也下降，从而正效应大于负效应，因此 $w^N < \frac{\alpha}{2\beta}$。

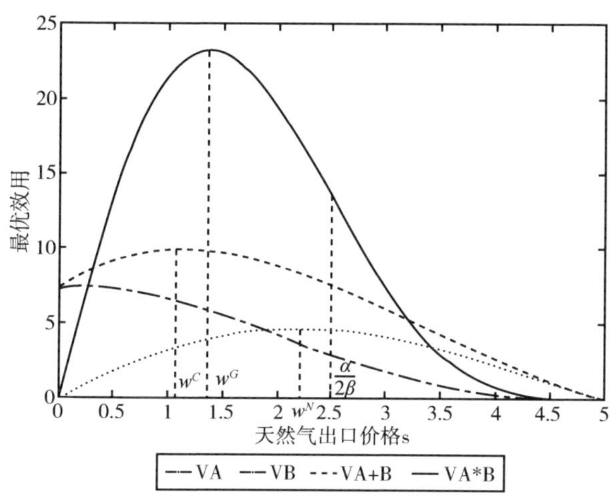

图 6.2　天然气出口价格对最优效用的影响

6.5.2　最优策略与效用在不同市场的比较

由图 6.2 可知 $w^C < w^G < w^N$，但我们却无法判定两国最优策略与效用在不同市场的大小关系。表 6.1 不仅展现了两国最优策略与效用在不同天然气市场的大小关系，还展现了各主要参数变化对两国最优策略与效用的影响。

表 6.1　主要参数对两国最优策略与效用的影响

主要参数		$w^N w^C w^G$	$x^{*N} x^{*C} x^{*G}$	$e^{*N} e^{*C} e^{*G}$	$\overline{S}^{*N} \overline{S}^{*C} \overline{S}^{*G}$	$\overline{G}^{*N} \overline{G}^{*C} \overline{G}^{*G}$	$V_A^{*N} V_A^{*C} V_A^{*G}$	$V_B^{*N} V_B^{*C} V_B^{*G}$
基准值		2.21/1.13/1.37	0.39/0.74/0.65	0.27/0.19/0.21	17.0/12.02/13.6	0.42/0.39/0.40	3.65/6.38/5.83	4.65/3.50/3.95
β	0.50	4.13/2.51/2.84	0.86/1.40/1.28	0.53/0.41/0.44	33.3/25.8/27.9	0.84/0.79/0.81	10.4/15.2/14.4	10.5/8.83/9.46
	0.75	2.84/1.61/1.87	0.55/0.95/0.86	0.36/0.26/0.29	22.4/16.7/18.5	0.56/0.52/0.54	5.27/8.27/7.74	5.89/4.74/5.17
	1.25	1.83/0.82/1.08	0.29/0.63/0.53	0.21/0.14/0.17	13.6/8.96/10.8	0.33/0.30/0.32	3.04/6.03/5.29	4.39/3.02/3.63
	1.50	1.57/0.60/0.88	0.23/0.56/0.45	0.18/0.11/0.14	11.4/6.76/8.90	0.27/0.24/0.26	2.83/5.36/5.12	4.02/2.77/3.34
	1.75	1.40/0.32/0.78	0.20/0.51/0.40	0.16/0.09/0.12	10.3/5.63/7.77	0.21/0.19/0.21	2.65/4.97/4.98	3.82/2.67/3.24
	2	1.23/0.21/0.71	0.18/0.46/0.37	0.15/0.08/0.11	9.40/4.96/6.90	0.17/0.15/0.16	2.53/4.76/4.89	3.65/2.55/3.12
γ	0.03	2.47/1.41/1.63	0.09/0.19/0.17	0.25/0.21/0.22	16.1/13.0/14.3	0.34/0.29/0.31	2.35/4.22/3.88	3.23/2.45/2.73
	0.07	2.34/1.26/1.50	0.24/0.48/0.42	0.26/0.20/0.21	16.6/12.6/14.0	0.38/0.35/0.36	2.97/5.27/4.82	3.94/2.97/3.34
	0.15	1.98/0.90/1.18	0.68/1.26/1.09	0.28/0.17/0.20	17.1/10.6/12.9	0.48/0.46/0.47	5.17/9.06/8.08	6.24/4.54/5.33
	0.20	1.79/0.71/1.03	1.03/1.84/1.57	0.29/0.14/0.19	17.4/9.13/12.2	0.58/0.55/0.56	7.18/12.9/11.1	8.40/5.70/7.14
	0.25	1.68/0.60/0.88	1.68/2.26/2.19	0.31/0.13/0.18	17.8/7.60/10.9	0.72/0.66/0.68	9.86/15.1/14.8	10.2/6.54/8.31
	0.3	1.59/0.51/0.83	2.03/3.04/2.87	0.32/0.11/0.17	18.3/6.13/8.11	0.88/0.78/0.80	12.2/19.9/19.3	12.4/7.70/10.8

续表

主要参数		$w^N w^C w^G$	$x^{*N} x^{*C} x^{*G}$	$e^{*N} e^{*C} e^{*G}$	$\overline{S}^{*N} \overline{S}^{*C} \overline{S}^{*G}$	$\overline{G}^{*N} \overline{G}^{*C} \overline{G}^{*G}$	$V_A^{*N} V_A^{*C} V_A^{*G}$	$V_B^{*N} V_B^{*C} V_B^{*G}$
η	0.05	1.75/0.30/0.90	0.52/1.10/0.84	0.08/0.02/0.05	4.97/1.23/3.22	0.21/0.24/0.23	1.70/4.23/3.00	2.20/0.79/1.78
	0.10	1.95/0.66/1.07	0.46/0.94/0.77	0.14/0.06/0.10	8.92/4.29/6.30	0.27/0.27/0.28	2.18/4.48/3.70	2.83/1.71/2.34
	0.30	2.34/1.33/1.54	0.35/0.67/0.59	0.39/0.31/0.34	24.8/19.5/21.3	0.56/0.52/0.54	5.73/9.73/9.03	7.15/5.56/6.15
	0.40	2.39/1.44/1.64	0.34/0.63/0.56	0.52/0.43/0.46	32.7/26.9/28.9	0.72/0.66/0.69	8.56/14.2/13.2	10.3/8.15/8.94
	0.50	2.53/1.56/1.76	0.33/0.58/0.52	0.71/0.61/0.64	41.0/33.6/35.4	0.88/0.80/0.84	10.8/19.1/17.3	14.1/10.7/11.7
	0.60	2.58/1.65/1.85	0.31/0.52/0.49	0.82/0.73/0.77	51.7/41.8/43.7	1.02/0.93/0.97	13.3/23.0/21.5	18.3/13.3/14.5
θ	0.03	2.19/1.08/1.34	0.41/0.76/0.67	0.25/0.17/0.20	15.8/10.9/12.6	0.17/0.21/0.20	3.38/6.03/5.46	4.35/3.23/3.69
	0.07	2.20/1.11/1.36	0.39/0.75/0.66	0.26/0.18/0.21	16.4/11.5/13.2	0.30/0.31/0.32	3.54/6.22/5.66	4.52/3.38/3.84
	0.15	2.23/1.15/1.40	0.38/0.74/0.64	0.28/0.20/0.23	17.7/12.7/14.4	0.61/0.53/0.56	3.82/6.68/6.09	4.87/3.67/4.16
	0.20	2.25/1.18/1.42	0.37/0.72/0.62	0.29/0.22/0.25	18.5/13.5/15.2	0.81/0.68/0.73	3.99/6.96/6.37	5.09/3.87/4.36
	0.25	2.27/1.21/1.44	0.36/0.70/0.60	0.30/0.24/0.27	19.4/14.3/16.1	1.02/0.83/0.90	4.15/7.27/6.64	5.30/4.08/4.76
	0.30	2.30/1.24/1.46	0.34/0.68/0.57	0.32/0.26/0.30	20.5/15.1/17.0	1.23/0.96/1.06	4.31/7.59/6.97	5.49/4.26/4.81

由表6.1可以看出，在不同的天然气市场，进口国对天然气基础设施投入的大小关系为 $x^{*N}<x^{*G}<x^{*C}$；出口国为保障天然气出口供应安全付出努力的大小关系为 $e^{*C}<e^{*G}<e^{*N}$；稳态下天然气出口供应安全的大小关系为 $\overline{S}^{*C}<\overline{S}^{*G}<\overline{S}^{*N}$；稳态下天然气基础设施存量的大小关系为 $\overline{G}^{*C}<\overline{G}^{*G}<\overline{G}^{*N}$；进口国获得效用的大小关系为 $V_A^{*N}<V_A^{*G}<V_A^{*C}$；出口国获得效用的大小关系为 $V_B^{*C}<V_B^{*G}<V_B^{*N}$。以上两国效用的大小关系表明，在寡头竞争市场上，与合作相比，出口国在与进口国进行议价时制定的天然气出口价格更高，且获得的效用更多。同时，还可以得出以下结论。

价格敏感系数 β 增加，使得天然气出口价格下降，两国的效用减少。此外，β 的增加，还使得出口国为保障天然气出口供应安全付出的努力以及天然气出口供应安全下降，进口国对天然气基础设施投入以及天然气基础设施存量减少。

天然气基础设施效率系数 γ 增加，表示天然气基础设施引起的天然气边际需求量增加，使得天然气出口价格下降。由于天然气出口价格的下降，促进了进口国对基础设施的投入，从而基础设施的投入与基础设施存量也随之增加。γ 的增加，还使得两国获得的效用增加。但是随着 γ 的增加，在不同天然气市场，出口国为保障天然气出口供应安全付出的努力与天然气出口供应安全的变化存在差异：在出口垄断市场上，两者均随之增加；而在寡头竞争市场上，两者均随之减少。

天然气出口供应安全效率系数 η 增加，表示出口国的天然气出口供应安全引起进口国的天然气边际需求量增加；边际贡献 θ 的增加，表示出口国的天然气出口供应安全引起进口国的天然气基础设施存量增加。然而，与天然气基础设施效率系数 γ 不同，η 和 θ 的增加，反而使得天然气出口价格上升。由式（6.10）可知，天然气出口价格的上升，抑制了进口国对基础设施的投入。尽管此时进口国对基础设施的投入减少，但由于 η 或 θ 的增加，在一定程度上刺激了进口国对天然气基础设施存量的需求，因此，天然气基础设施存量将随之增加。由式（6.11）和 $\overline{S}$ 表达式可知，尽管天然气出口价格较高，使得出口国减少对天然气出口供应安全付出的努力导致天然气出口供应安全降低，但由于 η 或 θ 的增加，却使得出口国增加对天然气出口供应安全付出的努力以及天然气出口供应安全上升。在正面效应大于负面效应的作用下，出口国付出的努力与天然气出口供应安全均随之增加。此外，η 或 θ 的增加，同样使得两国获得的效用增加。

6.6 本章小结

本章以出口国保障天然气出口供应安全，进口国加强天然气基础设施建设为框架，考虑出口供应安全、基础设施与需求量三者之间的相互影响，构建了进出口两国之间的动态博弈模型。本章首先得出了进出口国最优策略及效用的显式解，然后分析了天然气出口垄断市场和寡头竞争市场的最优天然气出口价格策略，最后在垄断与寡头市场条件下，对进出口国最优策略与效用进行了数值研究。研究发现。

（1）天然气出口价格上升将使得进口国天然气销售价格也上升，同时进口国对天然气基础设施投入减少；与出口垄断市场相比，寡头竞争市场的天然气出口价格更低。这一结果与静态市场相关经典结论一致，也很容易从直观上得到解释。

（2）出口国付出的努力、出口国所获得的总效用均与天然气出口价格呈倒“U”型关系，这一结果可以进行如下解释。当天然气出口价格过高，此时的需求处于富有弹性阶段，价格的进一步上升将反而使得总收益减少，为了达到效用最大化，出口国将选择相对较低的努力程度，因此出口国的努力程度与天然气出口价格呈倒“U”型关系。总效用与天然气出口价格的倒“U”型关系可以进行类似解释。

（3）在寡头竞争市场中，与合作方式相比，出口国在议价下制定的天然气出口价格更高，并且出口国付出的努力以及获得的效用也更高，而进口国对基础设施投入以及获得的效用更低。这一结果表明，在寡头竞争市场，议价对出口国可能更为有利，而合作对进口国可能更为有利。

（4）价格弹性系数增加将使得天然气出口价格下降，同时出口国的努力程度、进口国对基础设施投入以及两国的效用均减少；基础设施效率系数增加将使得天然气出口价格下降，同时进口国对基础设施投入增加，但出口国的努力程度在不同天然气市场中的变化趋势可能存在差异，即出口垄断市场条件下出口国的努力程度将增加，而寡头竞争条件下其努力将减少；出口供应安全效率系数及其边际贡献的增加使得天然气出口价格与出口国的努力程度均将上升，但进口国对基础设施投入减少。

根据以上分析，当天然气出口价格过高时，出口国适当下调天然气出口价格不仅能够调动进口国对基础设施投入的积极性，还能使进出口国双方获得更多的效用。例如，在 2017 ~ 2018 年采暖季，俄罗斯适时下调了天然气售价，这使得从俄罗斯输往欧洲的天然气总量上升了 8%。同时，俄罗斯积极向芬兰推荐“北溪 -2”项目，该项目的建成将不仅增加对欧洲能源的供应安全，而且天然气需求将因此比以前大幅增加，从而实现俄罗斯与欧洲的双赢。又例如，立陶宛对俄罗斯天然气的依赖程度曾达到 100%，而德国对俄罗斯天然气的依赖程度只有 27%，因此，俄罗斯供应给立陶宛的价格就比给德国的价格高 15%。2015 年，立陶宛决定从挪威进口 LNG，预计足够提供立陶宛全国 2/3 的天然气消费量。此举迫使俄罗斯与立陶宛展开天然气议价谈判，最后俄气降价 20%。这些定价方式也与本章的理论分析结果基本一致。

7 研究结论与展望

由于全球天然气资源禀赋存在巨大差异，其在全球的生产与消费也存在极度的不平衡，从而导致了全球天然气贸易活动日益频繁，其贸易规模也与日俱增。在此情形下，出口国在天然气贸易中通常占据主导地位，而进口国却相对比较被动。进口国可能会因天然气基础设施建设滞后，天然气进口多元化程度不高，以及天然气与其他替代能源比价关系的不合理等因素而引起天然气供应安全问题。与此同时，与进口国相比，出口国虽然占据一定的主导地位，但由于与进口国之间的天然气贸易往往是以签订合约的方式为主，如果在履行贸易合约时忽视了天然气储备，一旦遇到季节调峰或紧急事件，将可能引发国内的天然气供应安全问题；如果因经济、政治、军事以及自然灾害等因素造成天然气出口供应中断而导致无法履行合约，那么出口国也将遭受到严重损失。因此，出口国同样需要重视天然气供应安全问题。综上所述，本书采用最优控制、微分对策以及数值仿真等相关理论方法，首先构建了天然气出口国与进口国之间的动态博弈模型，其次从进口国与出口国两种不同的视角研究了供应安全影响下的天然气进出口最优策略问题，最后在模型计算与数值分析的基础上为以我国为代表的进口国与其他出口国在保障天然气供应安全方面提供一定的理论支持。

7.1 主要结论

通过第 3 章至第 6 章的模型计算与数值分析，本书可得出以下主要结论。

（1）基于进口国可能因天然气基础设施建设滞后而引发的供应安全问题，本书以进出口两国共建天然气基础设施为背景，研究了天然气供应安全意识、天然气需求基础设施弹性对进出口两国的最优策略及其效用的影响。研究发现，进口国的最优基础设施投入、最优天然气销售价格均与天然气基础设施存量呈正向关系；天然气出口价格与出口国的总效用之间呈倒“U”型关系，供应安全意识、天然气需求基础设施弹性对两国共建基础设施均具有推动作用，但在短期内的效果有限；通常情况下，供应安全意识、天然气需求基础设施弹性对双方效用均具有正向影响，只不过需要在长期下才能凸显，但如果进口国的基础设施基准量过高，那么供应安全意识可能反而使得自身效用下降。

（2）基于进口国可能因天然气进口多元化不高以及其与替代能源比价关系不合理等因素而引发的供应安全问题，本书研究了天然气进口多元化与天然气需求交叉弹性对进出口两国最优策略路径的影响，比较了天然气销售价格、消费者剩余以及两国联合效用在两种博弈情形下的最优路径。研究发现，替代能源价格的上升，使得天然气出口价格上升；无论是在合作博弈还是非合作博弈情形下，替代能源价格的上升，同样使得天然气销售价格上升；当初始替代能源价格水平较低（较高）时，天然气销售价格与其出口价格均随时间的变化呈单调递增（递减）的趋势收敛至最优稳态水平；进口多元化程度或天然气需求交叉弹性的增加，使得最优稳态天然气出口价格下降，同时也使得两种博弈情形下的最优稳态天然气销售价格下降；进口多元化程度或需求替代弹性越高，进口国消费者并非在任何时刻获得的消费者剩余越多，同时出口国并非在任何时刻获得的效用越少；从消费者剩余角度来看，当初始替代能源价格处于较低水平时，消费者在短期内可能偏好于两国处于非合作关系，长期则偏好于两国处于合作关系；当初始替代能源价格处于中等或较高水平时，消费者始终偏好于两国处于合作关系；从贸易双方获得的效用角度来看，当初始替代能源价格处于较低或中等水平时，两国均会选择合作的方式；当初始替代能源价格处于较高水平时，两国可能在某时间段存在违约行为。

（3）基于出口国在履行天然气贸易合约时容易忽视天然气储备，一旦遇到季节调峰或紧急事件，将可能引发国内的天然气供应安全问题。本书研究了进口国天然气需求基础设施弹性、出口国制定的天然气出口价格分别对进出口两国最优决策路径的影响。研究发现，当初始天然气基础设施存量与初始天然气储备均面临不足（过剩）时，最优天然气开采路径将不再随时间的变化呈单调性变化，而是呈现先递减（递增）后递增（递减）的趋势，最终收敛至最优稳态水平；随着天然气需求基础设施弹性的增加，最优稳态天然气销售价格将上升，最优稳态天然气基础设施投入将增加，最优稳态天然气开采量也将增加；随着天然气出口价格的上升，最优稳态天然气销售价格将上升，最优稳态天然气基础设施投入将减少，最优稳态天然气开采量也将减少；天然气出口国的最优稳态效用、天然气进出口两国联合最优稳态效用均与天然气出口价格之间存在倒“U”型的关系，并且前者达到最大值时的天然气出口价格高于后者。

（4）基于出口国的天然气出口供应安全较为脆弱，导致其无法履行天然气贸易合同而引发的供应安全问题，本书研究了天然气出口垄断市场和寡头竞争市场的最优天然气出口价格策略，比较了两国最优策略与效用在不同市场的大小关系。研究发现，天然气出口价格越高，使得其销售价格越高且进口国对天然气基础设施投入越少；出口国为保障天然气供应安全付出的努力与出口价格之间呈倒“U”型关系；在天然气出口垄断市场，当出口国为保障天然气供应安全付出的努力达到最大时，出口国未必能够获得最大效用；在寡头竞争市场中，与合作方式相比，两国议价下的最优天然气出口价格更高，其销售价格也更高，并且进口国对天然气基础设施投入及获得的效用更少，出口国为保障天然气供应安全付出的努力及获得的效用更多。

7.2 研究展望

本书研究了在天然气供应安全影响下，出口国与进口国在天然气贸易中的最优策略问题，对以我国为代表的进口国与其他出口国在兼顾经济利益与供应安全最大化问题虽具有一定的参考价值，但可能还存在一些不足之处，后续在以下四个方面还有待深入研究。

（1）本书在第 3 章、第 5 章以及第 6 章中，假设出口国制定的天然气出口价格是一个不随时间的变化的外生变量。该假设一方面是因为出口国与进口国一旦签订了天然气贸易合约，那么天然气出口价格可能不容易随时间的变化而变化，即使是变化，它的时滞性也较强；另一方面是因为这样能便于后续数理模型的相关计算。之后可考虑将天然气出口价格设置为与时间相关的变量，并针对出口国在短期动态过程中对天然气出口定价问题进行研究。

（2）本书仅考虑天然气贸易市场中由单个出口国和单个进口国组成的天然气供应链模型，但随着近年来越来越多的进口国开始实施天然气进口多元化战略，使得在天然气贸易供应链中可能涉及多个进口国或出口国同时参与博弈，从而导致国与国之间的关系更复杂，之后的研究可扩展到一对多、多对一甚至多对多的情形。

（3）在本书的数值分析中，由于一些参数的取值可能缺乏相关文献的支撑，因此，我们只是为了满足某些限定条件而对参数进行取值。在未来的研究中，我们可以通过某些渠道来获取一些比较完整的天然气生产、消费以及进出口等相关的统计数据，从而确定更合理的参数取值，这对仿真天然气进出口过程具有一定价值，是进一步深化研究的方向。

（4）本书的研究内容主要是针对在确定性条件下的天然气供应安全对进出口两国最优策略的影响，但现实中的天然气贸易市场充满着诸多不确定性，并且这些因素在一定程度上会影响出口国与进口国的决策。因此，为了更深入地研究不确定性对出口国与进口国最优策略的影响，使研究结论更具有实际意义，之后的研究可考虑将随机不确定性纳入数理模型。

参考文献

[1] 陈菁泉，云曙明．中俄天然气合作博弈与发展趋势研究 [J]．俄罗斯东欧中亚研究，2011 (6)：37-43.

[2] 董秀成，皮光林．能源地缘政治与中国能源战略 [J]．经济问题，2015 (2)：6-8.

[3] 富景筠．“页岩气革命”、“乌克兰危机”与俄欧能源关系——对天然气市场结构与权力结构的动态分析 [J]．欧洲研究，2014 (6)：82-98.

[4] 耿江波．国际天然气市场及中国液化天然气供应安全策略研究 [D]．中国科学技术大学博士学位论文，2014.

[5] 胡奥林，王小明．天然气供应安全及其应对策略 [J]．天然气工业，2008，28 (10)：125-129.

[6] 胡奥林，何春蕾，史宇峰．我国地下储气库价格机制研究 [J]．天然气工业，2010，30 (9)：91-96.

[7] 胡奥林，余楠．国外天然气储备及其启示与建议 [J]．天然气技术与经济，2014，8 (1)：1-6.

[8] 胡奥林，董清．中国天然气价格改革刍议 [J]．天然气工业，2015，35 (4)：99-106.

[9] 何春蕾，周国栋，姜子昂．全球环境下的中国天然气供应安全 [J]．天然气工业，2010，30 (1)：123-126.

[10] 何春蕾，杨鹏程，陈鸿．中国进口天然气价格公式研究 [J]．天然气技术与经济，2014，8 (4)：51-56.

[11] 何滔，郭周明．中国天然气供需趋势及进口促进策略研究 [J]．宏观经济研究，2014 (8)：26-31.

［12］焦建玲，张峻岭，魏一鸣．石油储备价值研究：基于供应链视角［J］．管理科学学报，2011，14（2）：53－60.

［13］李凌峰，张斌，肖峰．中国油气供应安全对策研究［J］．天然气工业，2006，26（2）：147－148.

［14］李卓．石油储备计划与石油消费的动态路径分析［J］．管理科学学报，2008，11（1）：22－30.

［15］梁萌，陈欢，袁海云．2000－2015年俄罗斯天然气工业情况［J］．国际石油经济，2017，25（3）：57－73.

［16］林伯强，姚昕，刘希颖．节能和碳排放约束下的中国能源结构战略调整［J］．中国社会科学，2010，31（1）：58－70.

［17］林伯强，杜立民．中国战略石油储备的最优规模［J］．世界经济，2010，70（8）：72－92.

［18］刘力昌，李宏亮．国内天然气定价机制改革研究及建议［J］．经济问题探索，2015，36（6）：31－38.

［19］陆家亮．进口气源多元化是保障我国天然气长期供应安全的关键［J］．天然气工业，2010，30（11）：4－9.

［20］陆家亮，赵素平．中国能源消费结构调整与天然气产业发展前景［J］．天然气工业，2013，33（11）：9－14.

［21］马胜利，韩飞．国外天然气储备状况及经验分析［J］．天然气工业，2010，30（8）：62－66.

［22］毛汉英．中国周边地缘政治与地缘经济格局和对策［J］．地理科学进展，2014，33（3）：289－302.

［23］吴刚，魏一鸣．突发事件情景下的中国战略石油储备应对策略研究［J］．中国管理科学，2011，19（2）：140－146.

［24］王双．东北亚地区能源合作：问题、挑战及前景——地缘政治经济学视角［D］．上海社会科学院博士论文，2012.

［25］杨雷．中俄天然气合作的历程与前景［J］．欧亚经济，2014（5）：86－97.

［26］殷建平，孙笑笑．进口天然气盈亏平衡定价对市场的影响——以广

州市中亚天然气为例［J］. 天然气工业, 2015, 35 (1): 131 -136.

［27］殷建平, 袁芳. 从天然气短缺谈我国天然气安全问题［J］. 价格理论与实践, 2010, 12 (4): 75 -76.

［28］殷建平, 周小龙. 从乌克兰危机谈中国天然气价格市场化［J］. 对外经贸实务, 2014, 32 (11): 88 -91.

［29］袁胜育, 金胤静. 中亚能源地缘政治析论［J］. 河南师范大学学报(哲学社会科学版), 2012, 39 (5): 81 -85.

［30］张英. 中俄贸易的国际贸易理论实证分析［J］. 国际经贸探索, 2009 (7): 17 -22.

［31］周志斌. 中国非常规天然气产业发展趋势、挑战与应对策略［J］. 天然气工业, 2014, 34 (2): 12 -17.

［32］周怡沛, 周志斌, 胡俊坤. 关于我国天然气储备研究［J］. 宏观经济研究, 2015, 37 (6): 44 -48.

［33］周德群, 孙立成, 万红. 考虑石油替代品和关税配额政策的石油储备模型研究［J］. 中国管理科学, 2010, 18 (1): 149 -155.

［34］邹莉娜, 张荣, 任庆忠. 基于出口国偏好的天然气进口策略［J］. 系统工程, 2016, 34 (4): 126 -130.

［35］邹莉娜, 任庆忠. 进口国偏好和进口多元化下的天然气进口国博弈［J］. 系统管理学报, 2017, 26 (3): 409 -417.

［36］邹莉娜, 张荣, 任庆忠. 天然气储备对天然气进口及国内价格的动态影响［J］. 中国管理科学, 2017, 25 (6): 132 -142.

［37］ABADA I, MASSOL O. Security of supply and retail competition in the European gas market: Some model-based insights［J］. Energy Policy, 2011, 39 (7): 4077 -4088.

［38］ASCHE F, OSMUNDSEN P., SANDSMARK M. The UK Market for Natural Gas, Oil and Electricity: Are the Prices Decoupled?［J］. Energy Journal, 2006, 27 (2): 27 -40.

［39］ATES A, HUANG J C. The evolving relationship between crude oil and natural gas prices: evidence from a dynamic cointegration analysis［J］. Pennsylvania Econemic Review, 2011, 1 (18): 1 -9.

[40] ATIL A, LAHIANI A, NGUYEN D K. Asymmetric and nonlinear pass - through of crude oil prices to gasoline and natural gas prices [J]. Energy Policy, 2014, 65 (3): 567 -573.

[41] BACHMEIER L J, GRIFFIN J M. Testing for Market Integration Crude Oil, Coal, and Natural Gas [J]. Energy Journal, 2006, 27 (2): 55 -71.

[42] BALASUBRAMANIAN S, BHARDWAJ P. When Not All Conflict Is Bad: Manufacturing - Marketing Conflict and Strategic Incentive Design [J]. Management Science, 2004, 50 (4): 489 -502

[43] BARANES E, MIRABEL F. Access to natural gas storage facilities: Strategic and regulation issues [J]. Energy Economics, 2014, 41 (1): 19 -32.

[44] BASIRI Z, HEYDARI J. A mathematical model for green supply chain coordination with substitutable products [J]. Journal of Cleaner Production, 2017, 145: 232 -249.

[45] BELLMAN R. A Markovian decision process [J]. Indiana University Mathematicas Journal, 1957, 6 (4): 15.

[46] BENCHEKROUN H, MARTÍN-HERRÁN G. The impact of foresight in a transboundary pollution game [J]. European Journal of Operational Research, 2016, 251 (1): 300 -309.

[47] BERTINELLI L, CAMACHO C, ZOU B. Carbon capture and storage and transboundary pollution: A differential game approach [J]. European Journal of Operational Research, 2014, 237 (2): 721 -728.

[48] BILGIN M. Geopolitics of European natural gas demand: supplies from Russia, Caspian and the Middle East [J]. Energy Policy, 2009, 37 (11): 4482 -492.

[49] BIRESSELIOGLU M E, DEMIR M H, KANDEMIR C. Modeling Turkey's future LNG supply security strategy [J]. Energy Policy, 2012, 46: 144 -152.

[50] BIRESSELIOGLU M E, YELKENCI T, OZ IO. Investigating the natural

gas supply security: A new perspective [J]. Energy, 2015, 80: 168 – 176.

[51] BLANK S. China, Kazakh Energy, and Russia: An Unlikely Ménage à Trois [J]. The China and Eurasia Forum Quarterly, 2005, 3 (3): 99 – 109.

[52] BONACINA M, CRETÌ A, SILEO A. Gas storage services and regulation in Italy: A Delphi analysis [J]. Energy Policy, 2009, 37 (4): 1277 – 1288.

[53] BOOTS M G, FAM R, HOBBS B F. Trading in the downstream European gas market: a successive oligopoly approach [J]. Energy Journal, 2004, 25 (25): 73 – 102.

[54] BROWN S P A, YÜCEL M K. What Drives Natural Gas Prices? [J]. Energy Journal, 2008, 29 (2): 45 – 60.

[55] CABALU H. Indicators of security of natural gas supply in Asia [J]. Energy Policy, 2010, 38 (1): 218 – 225.

[56] CAYRADE P. Investments in Gas Pipelines and Liquefied Natural Gas Infrastructure. What is the Impact on the Security of Supply? [J]. Ssrn Electronic Journal, 2004, 2 (3).

[57] CONANT M A, et al. Geopolitics of Energy [M]. Colorado: Westview Press, 1978.

[58] CHATON C, CRETI A, VILLENEUVE B. Some economics of seasonal gas storage [J]. Energy Policy, 2008, 36 (11): 4235 – 4246.

[59] CHATON C, CRETI A, VILLENEUVE B. Storage and security of supply in the medium run [J]. Resource & Energy Economics, 2009, 31 (1): 24 – 38.

[60] CHEVALIER J M. The new energy crisis: Climate, Economics and Geopolitics [M]. Open Access publications from Université Paris, 2009.

[61] CHINTAGUNTA P K. Investigating the sensitivity of equilibrium profits to advertising dynamics and competitive effects [J]. Management Science, 1993, 39 (9): 1146 – 1162.

[62] COQ C L. Assessing Gas Transit Risks: Russia vs. the EU [J]. Energy Policy, 2012, 42: 624 – 650.

[63] DE GIOVANNI P. Quality improvement vs. advertising support: which strategy works better for a manufacturer? [J]. European Journal of Operations Research [J]. 2011, 208 (2): 119 – 130.

[64] DIECKHöNER C, LOCHNER S, LINDENBERGER D. European natural gas infrastructure: The impact of market developments on gas flows and physical market integration [J]. Applied Energy, 2013, 102 (2): 994 – 1003.

[65] DOCKNER E J, et al. Differential games in economics and management science [M]. New York: Cambridge University Press, 2000.

[66] DURAND-VIEL L. Strategic Storage and Market Power in the Natural Gas Market [J]. Energy & Environmental Modeling, 2014.

[67] EDER L, ANDREWSSPEED P, KORZHUBAEV A. Russia's Evolving Energy Policy for its Eastern Regions, and Implications for Oil and Gas Cooperation between Russia and China [J]. Journal of World Energy Law&Business, 2009, 2 (3): 219 – 242.

[68] ERDöS P. Have oil and gas prices got separated? [J]. Energy Policy, 2012, 49 (49): 707 – 718.

[69] ERICKSON G M. A differential game model of the marketing-operations interface [J]. European Journal of Operational Research. 2011, 211 (2): 394 – 402.

[70] FEICHTINGER G, HARTL R. Optimal pricing and production in an inventory model [J]. European Journal of Operational Research, 1985, 19 (1): 45 – 56.

[71] FENG Q, LU L X. Supply Chain Contracting Under Competition: Bilateral Bargaining vs. Stackelberg [J]. Production & Operations Management, 2013, 22 (3): 661 – 675.

[72] FIBICH G, LOWENGART O, GAVIOUS A. Explicit solutions of optimization models and differential games with nonsmooth (asymmetric) reference-price effects [J]. Operations Research, 2003, 51 (5): 721 – 734.

[73] FIBICH G, GAVIOUS A, LOWENGART O. Optimal price promotion in

the presence of asymmetric reference-price effects [J]. Managerial & Decision Economics, 2007, 28 (6): 569 -577.

[74] FINON D, LOCATELLI C. Russian and European gas interdependence: Could contractual trade channel geopolitics? [J]. Energy Policy, 2008, 36 (1): 423 -442.

[75] GENG J B, JI Q. Multi - perspective analysis of China's energy supply security [J]. Energy, 2014, 64: 541 -550.

[76] GHOSH D, SHAH J. Supply chain analysis under green sensitive consumer demand and cost sharing contract [J]. International Journal of Production Economics, 2015, 164: 319 -329.

[77] GOLDTHAU A. Rhetoric versus reality: Russian threats to European energy supply [J]. Energy Policy, 2008, 36 (2): 686 -692.

[78] GRAIS W, ZHENG K B. Strategic interdependence in European east-west gas trade: a hierarchical Stackelberg game approach [J]. The Energy Journal, 1996, 17 (3): 61 -84.

[79] GREENLEAF E A. The Impact of Reference Price Effects on the Profitability of Price Promotions [J]. Marketing Science, 1995, 14 (1): 82 -104.

[80] HARTLEY P R, MEDLOCK K B, ROSTHAL J E. The Relationship of Natural Gas to Oil Prices [J]. Energy Journal, 2008, 29 (3): 47 -65.

[81] HEYDARI J, GOVINDAN K, JAFARI A. Reverse and closed loop supply chain coordination by considering government role [J]. Transportation Research Part D Transport & Environment, 2017, 52: 379 -398.

[82] HIGASHI N. Natural Gas in China Market evolution and strategy [D]. Working paper, 2009.

[83] JONG C D. Gas storage valuation and optimization [J]. Journal of Natural Gas Science and Engineering, 2015, 24 (5): 365 -378.

[84] JØRGENSEN S, KORT P M, ZACCOUR, G. Production, inventory, and pricing under cost and demand learning effects [J]. European Journal of Operational Research, 1999, 117 (2): 382 -395.

[85] KOPALLE P K, WINER R S. A Dynamic Model of Reference Price and Expected Quality [J]. Marketing Letters, 1996, 7 (1): 41 -52.

[86] KOPALLE P K, RAO A G, ASSUNÇÃO J L. Asymmetric Reference Price Effects and Dynamic Pricing Policies [J]. Marketing Science, 1996, 15 (1): 60 -85.

[87] KUWAHARA N, BAJAY S V, CASTRO L N. Liquefied natural gas supply optimisation [J]. Energy Conversion & Management, 2000, 41 (2): 153 -161.

[88] LIM W T. The Energy Triangle of Japan, China and Russia: the Political Economics of Tokyo, Beijing and the East Siberian Pipeline [J]. Business and Globalization, 2011, 6 (1): 30 -43.

[89] LIN W, ZHANG N, GU A. LNG (liquefied natural gas): A necessary part in China's future energy infrastructure [J]. Energy, 2010, 35 (11): 4383 - 4391.

[90] LISE W, HOBBS B. Future evolution of the European gas market-Simulation results with a dynamic model [J]. Energy, 2008, 33 (7), 989 -1004.

[91] LIU G, ZHANG J, TANG W. Strategic transfer pricing in a marketing-operations interface with quality level and advertising dependent goodwill [J]. Omega, 2015, 56: 1 -15.

[92] LOCHNER S. Modeling the European natural gas market during the 2009 Russian-Ukrainian gas conflict: Ex-post simulation and analysis [J]. Journal of Natural Gas Science and Engineering, 2011, 3 (1): 341 -348.

[93] LOUNGANI P, MATSUMOTO A. Oil and natural gas price: together again? [D]. Working Paper, 2012.

[94] MODJTAHEDIA B, MOVASSAGH N. Natural-gas futures: bias, predictive performance, and the theory of storage [J]. Energy Economics, 2005, 27 (4): 617 -637.

[95] MORBEE J, PROOT S. Russian gas imports in Europe: How does Gazprom reliability change the game? [J] Energy Journal, 2010, 31 (4): 79 -109.

[96] MU X Y. Weather, Storage, and natural gas price dynamics: Funda-

mentals and volatility [J]. Energy Economics, 2007, 29 (1): 46 -63.

[97] NASH J F. The Bargaining Problem [J]. Econometrica, 1950, 18 (2): 155 -162.

[98] ÖZELKAN E C, D'AMBROSIO A, TENG S G. Optimizing liquefied natural gas terminal design for effective supply - chain operations [J]. International Journal of Production Economics, 2008, 111 (2): 529 -542.

[99] PANAGIOTIDIS T, RUTLEDGE E. Oil and gas markets in the UK: Evidence from a cointegrating approach [J]. Energy Economics, 2007, 29 (2): 329 -347.

[100] RAMBERG D J, PARSONS J E. The Weak Tie Between Natural Gas and Oil Prices [J]. The Energy Journal, 2010, 33 (2): 13 -35.

[101] SETHI S P, THOMPSON G L. Optimal Control Theory: Applications to Management Science and Economics [M]. 2nd Edition, Springer Press, 2000.

[102] SHAFFER B. Natural gas supply stability and foreign policy [J]. Energy Policy, 2013, 56 (2): 114 -125.

[103] SHI G H, JING Y Y, WANG S L, et al. Development status of liquefied natural gas industry in China [J]. Energy Policy, 2010, 38 (11): 7457 - 7465.

[104] SKEA J, et al. The role of gas infrastructure in promoting UK energy security [J]. Energy Policy, 2012, 43 (4): 202 - 213.

[105] SÖDERBERGH B, JAKOBSSON K, ALEKLETT K. European energy security: The future of Norwegian natural gas production [J]. Energy Policy, 2009, 37 (12): 5037 -5055.

[106] SÖDERBERGH B, JAKOBSSON K, ALEKLETT K. European energy security: An analysis of future Russian natural gas production and exports [J]. Energy Policy, 2010, 38 (12): 7827 -7843.

[107] SORGER G. Reference price formation and optimal marketing strategies [J]. Optimal Control Theory & Economic Analysis, 1988, (3): 97 -120.

[108] STERN J. Security of European natural gas supplies [R]. Working

Paper, Sustainable Development Programme, Royal Institute of International Affairs, 2002.

[109] STERN J. The new security environment for European gas: Worsening geopolitics and increasing global competition for LNG [R]. Oxford Institute for Energy Studies, 2006.

[110] STONE S. Gas & Geopolitics: The Foreign Policy Implications of Energy Import Dependency [R]. CISAC Honors Program, 2010.

[111] TONN V L, LI H C, MCCARTHY J. Wavelet domain correlation between the futures prices of natural gas and oil [J]. Quarterly Review of Economics & Finance, 2010, 50 (4): 408 -414.

[112] UMBACH F. Global energy security and the implications for the EU [J]. Energy Policy, 2010, 38 (3): 1229 -1240.

[113] VILLADA J, OLAYA Y. A simulation approach for analysis of short-term security of natural gas supply in Colombia [J]. Energy Policy, 2013, 53 (1): 11 -26.

[114] VILLAR J A, JOUTZ F L. The relationship between crude oil and natural gas prices. Working paper, 2006.

[115] YANG Z F, ZHANG R, ZHANG Z Y. An Exploration of a Strategic Competition Model for the European Union Natural Gas Market [J]. Energy Economics, 2016, 57 (5): 236 -242.

[116] YEGOROV Y, WIRL F. Gas Transit, Geopolitics and Emergence of Games with Application to CIS Countries [J]. Ssrn Electronic Journal, 2010.

[117] ZHANG J, GOU Q, LIANG L, et al. Supply chain coordination through cooperative advertising with reference price effect [J]. Omega, 2013, 41 (2): 345 -353.

[118] ZHANG M Q, et al. An assessment of the security of China's natural gas supply system using two network models [J]. Energies, 2015, 8 (12): 13710 - 13725.

[119] ZHANG Q, LI Z, WANG G, et al. Study on the impacts of natural gas

supply cost on gas flow and infrastructure deployment in China [J]. Applied Energy, 2015, 162.

[120] ZHOU Y J, BAO M J, CHEN X H, et al. Co-op Advertising and Emission Reduction Cost Sharing Contract and Coordination in Low-carbon Supply Chain Based on Fairness Concerns [J]. Chinese Journal of Management Science, 2017, 133: 402 -413.